Le Navi

Giuseppe Verdi all'età di settantaquattro anni. Dipinto di Giuseppe Barbaglia, 1887. Grand Hotel et de Milan, Milano.

Leonetta Bentivoglio

Il mio Verdi

Quindici opere raccontate dai più grandi interpreti del nostro tempo

Note sulle opere di Angelo Foletto

CASTELVECCHI

I edizione: aprile 2013

Castelvecchi è un marchio di Lit Edizioni
Sede operativa: Via Isonzo, 34 - 00198 Roma
Tel. 06.8412007 - fax 06.85865742
www.castelvecchieditore.com
info@castelvecchieditore.com

PREFAZIONE

Il mio Verdi rinasce in un'edizione aggiornata e notevolmente ampliata rispetto al volume con lo stesso titolo pubblicato nel dicembre del 2000 dall'editore Socrates. All'epoca l'occasione fu l'anniversario dei cento anni dalla morte del compositore, che cadeva nel gennaio del 2001. La serie era scandita da sedici conversazioni con i massimi interpreti di Verdi – direttori d'orchestra, registi, cantanti – a proposito delle dodici opere più «popolari» del compositore di Busseto. Tutti erano stati sollecitati a raccontare, dall'interno della propria lettura, un'opera verdiana scelta di volta in volta per affinità, predilezione affettiva o frequentazione artistica particolarmente intensa.

Quelle interviste furono per me un lavoro molto affascinante, e non solo per il livello degli artisti intervistati. Mi resi conto che, per ciascuno di loro, Verdi rappresentava un motore di proiezioni e memorie molto personale, oltre ad essere uno spunto per discorsi significativi, in generale, sulla musica, il teatro e la vocalità.

Nel suo camerino dell'Opera di Monaco di Baviera Zubin Mehta, dopo avermi dato l'intervista su *La Traviata* che compare in questo libro, volle trattenermi ancora a lungo per spiegarmi i motivi della bellezza impareggiabile di *Don Carlo*, che stava dirigendo in quel teatro. Non ho mai visto il tenore Luciano Pavarotti tanto concentrato e vibrante come quando mi rilasciò l'intervista su *Un ballo in maschera*. Riccardo Muti, nel suo studio di Ravenna, si soffermò a parlarmi per un paio d'ore di *Falstaff*, indicandomi passaggi del manoscritto fotocopiato di Verdi con una partecipazione genuinamente emozionata.

Quando il regista tedesco Peter Stein mi accolse nella sua casa in Umbria per una lucida analisi dell'opera di Verdi *Otello*, il nostro dialogo finì per riguardare anche il suo complesso rapporto con il teatro di Shakespeare. Altrettanto interessante e vario fu l'incontro che ebbi con Luca Ronconi su *Il Trovatore*: partendo da quell'opera arrivò a toccare, lungo una densa catena associativa, temi attinenti alla problematicità del teatro elisabettiano. Riccardo Chailly stabilì, tramite la sua spiegazione di *Aida*, un nesso inedito e rivelatorio tra la musica di Verdi e quella di Mahler. E Claudio Abbado, di solito restio alle interviste, accettò di avventurarsi in un viaggio pieno di passione nel *Simon Boccanegra*, titolo verdiano da lui rilanciato trionfalmente. Verdi, insomma, batteva forte dentro i loro cuori, senza eccezioni. Ognuno offriva un nuovo squarcio, immergendosi nel tema con un coinvolgimento autentico. Non c'erano mai difficoltà nel motivarli.

Nel 2013, incoraggiata dall'editore Castelvecchi, che aveva acquisito i diritti del libro, e spinta dall'occasione di un altro, importante anniversario (cade quest'anno il bicentenario della nascita del musicista), ho rimesso mano a quella raccolta rinfrescando i vecchi testi e aggiungendo quattro nuove conversazioni, che coinvolgono il regista cinematografico tedesco Werner Herzog (autore di un allestimento de *I due Foscari*) e tre direttori d'orchestra rappresentativi del meglio della generazione dei maestri del podio successiva a quella dei precedenti direttori intervistati. Sono Gianandrea Noseda (per *I Vespri siciliani*), Antonio Pappano (che affronta la *Messa da Requiem*) e Daniele Gatti (il quale propone il suo punto di vista su *Otello*). Le opere, da dodici, diventano quindici, e le interviste arrivano al numero di venti. Così il gioco di prospettive sull'atemporale patrimonio artistico e umano costituito dal teatro musicale verdiano si estende, in questo nuovo libro, alle voci di interpreti «eccellenti» confermatisi come tali nel nuovo millennio.

La revisione dei testi redatti per l'edizione del 2000 mi ha condotta a riconfrontarmi con tre musicisti che nel frattempo ci hanno lasciato: i cantanti Leyla Gencer e Luciano Pavarotti, e il direttore d'orchestra Giuseppe Sinopoli. Quest'ultimo resta per me un amico indimenticabile. Il ricordo della sua intelligenza vivissima ha continuato ad accompagnarmi dopo la sua scomparsa. Vorrei idealmente dedicare alla sua memoria questa riproposta de *Il mio Verdi*.

Musicista indispensabile, Giuseppe Verdi sospinge e modella i talenti che si applicano al suo genio. È un banco di prova per i suoi interpreti. L'intensità e la specificità di ogni nuova indagine votata al suo mondo (vedrete come ogni intervista si differenzia dall'altra) riconferma – se mai ce ne fosse stato bisogno – la sua straordinaria ricchezza espressiva e la sua capacità universale di comunicare.

Il mio Verdi

NABUCCO

Leo Nucci

Baritono di grande carriera internazionale e di gloriosa esperienza verdiana, oltre che artista integro e intelligente, immune da vezzi divistici, Leo Nucci affronta l'esplorazione di *Nabucco*, opera somma della prima parte del percorso di Verdi e titolo tra i più amati e popolari, soprattutto per il coro del *Va, pensiero*, patrimonio mitico del sentimento patriottico e bandiera sovranazionale degli esiliati e degli oppressi. Di quest'opera, che ha tanto spesso interpretato e che dice di rispettare al punto «da aver deciso di debuttare nel ruolo solo molto tardi, a cinquantuno anni, così da possedere la giusta maturità per affrontarlo», Nucci, nato nel 1942, parla con lucidità analitica e il fervore di una conoscenza esatta.

Scrive Massimo Mila che Nabucco, *molto più che un dramma di personaggi, è un affresco corale. È d'accordo?*

In effetti è il coro il primo protagonista dell'opera. All'inizio, alla fine, per il *Va, pensiero*, e anche per la marcia musicalmente orrenda della scena dell'incoronazione di Abigaille. Sono in molti a liquidarla dicendo: Verdi non aveva ancora idea di quel che faceva. Non è affatto così semplice. Il Verdi di *Nabucco*, certo, non è ancora il Verdi di *Aida*, *Don Carlo*, *Otello*, *Falstaff*. Ma ha già un fortissimo pensiero teatrale. La bruttezza di quella marcia, secondo me, nasce da una ragione teatrale precisa: ci segnala che il potere, specialmente se usurpato, è mostruoso.

Intende dire che Verdi optò consapevolmente per la bruttezza?

Sono convinto di sì. Compose qualcosa di volutamente volgare perché lo sono sempre le musiche dei dittatori, i quali, ovunque nel mondo, anche oggi, vivono di marce e marcette. Il fatto è che tutto, nell'opera, è motivato sempre teatralmente.

Può fare altri esempi?

Pensi al celeberrimo *Va, pensiero*, gran coro degli ebrei sulle rive dell'Eufrate. La prima parte, fino al *fortissimo*, è scritta all'unisono, e questo ha un significato ben preciso: equivale alla tristezza di un popolo bandito dalla propria terra. È un sentimento universale e senza tempo, identico a quello che, in anni tanto più vicini a noi, animava gli ebrei mentre andavano ai forni crematori cantando *Shamat Israel*. È questo che vuol comunicarci Verdi con l'unisono: che è un sentimento uguale per tutti.

Un altro possibile esempio del suo senso teatrale è la bellissima scena del secondo atto in cui Nabucco prende la corona dalle mani delle figlie, Fenena e Abigaille, che se la contendono, per mettersela in testa proclamandosi unico re e unico nume. A tali blasfeme parole gli scoppia un fulmine sul capo.

Poi c'è la preghiera del quarto atto: la sua aria è guidata da un accompagnamento sommesso, con solo pochi strumenti come il flauto e il violoncello. La lunga cadenza del flauto è come una luce che gli apre la mente: così Nabucco riconosce Dio, e a Dio decide di consacrare la sua vita. In quanto preghiera, e non romanza, *Dio di Giuda* va terminata così come Verdi chiede, con la cadenza normale, senza volgarità, senza il colpo di spada che spesso inseguono i cantanti, vogliosi dell'acuto e del momento di bravura. Segue una seconda preghiera, che è quella di Fenena, e infine la preghiera del coro, *Immenso Jehovah*, che è il vero finale dell'opera, anche se subito dopo arriva l'aria di Abigaille, secondo me aggiunta da Verdi solo per accontentare Giuseppina Strepponi, prima interprete di *Nabucco*. È un'aria bellissima, ma chiaramente fuori contesto.

Nabucco *fu il primo grande successo di Verdi. Si percepisce, nella fattura, la giovinezza del compositore?*

Non certo nel senso della qualità. *Nabucco* è un'opera di grande spessore teatrale e incredibilmente innovativa, piena di parti geniali. Si sente a tratti l'influsso di Rossini, e in particolare del *Guglielmo Tell*, opera che contiene l'aria per baritono più musicalmente e teatralmente bella che ci sia, *Resta immobile*, con il solo accompagnamento di un violoncello. Verdi riprende questo tipo d'accompagnamento nel *Nabucco*, nella seconda aria del basso, *Vieni o levita – Tu sul labbro de' veggenti*, accompagnata da sei violoncelli. E se è nota a tutti la bellezza di *Va, pensiero*, così semplice e toccante, è meraviglioso anche il primo coro nel tempio, che esplode dopo la sinfonia, e fa davvero venire i brividi. Ogni volta che canto o ascolto il *Nabucco* non posso fare a meno di pensare a quel che accadde, nel cuore e nella testa dei milanesi, nel 1842, quando ascoltarono l'opera per la prima volta. La sua musica è un motore di sollecitazioni patriottiche.

Scritto da Temistocle Solera, il libretto di Nabucco *è piuttosto improbabile. Non trova più che mai accentuato il dislivello qualitativo del testo rispetto alla musica?*

Ammetto che il libretto ha molti problemi. A parte il *Va, pensiero*, unico passaggio dell'opera che si riferisce davvero alla Bibbia, tutta la vicenda è un feuilleton francese senza capo né coda. Storicamente non c'è nulla di vero, eccetto il nome di Nabucodonosor. Ma quel libretto Verdi se lo trovò in mano e aveva delle motivazioni molto profonde e personali per appassionarsi al soggetto. Era un repubblicano, però era cresciuto «sotto il campanile», aveva imparato a suonare l'organo con un sacerdote ed era un grande lettore della Bibbia. Inoltre la morte della moglie lo aveva messo in uno stato di sensibilità particolare nei confronti di temi religiosi.

Il ruolo del titolo: quali sono le difficoltà e quali i momenti di grazia?

Secondo me il momento più bello di Nabucco, che è un personaggio modernissimo, è il duetto con Abigaille nel terzo atto. Come struttura musicale e vocale è quello scritto meglio: vi si può cantare con un grande legato ed esprimersi senza retorica. Il momento teatralmente più interessante è quello in cui, nel secondo atto, dopo aver afferrato la corona, Nabucco è colpito dal fulmine e sente, atterrito, che una forza soprannaturale gliela toglie. È come se lottasse contro un fantasma che lo spinge a terra, mentre lui cerca di rialzarsi: una grande scena di teatro. Un'altra bellissima scena vocale è quella dell'aria con la cabaletta, *Dio di Giuda* nel quarto atto, molto difficile perché viene dopo il *Va, pensiero*, che sta nel terzo atto e di cui spesso si fa il bis. In quest'arco di tempo sempre molto lungo l'interprete di Nabucco, mentre aspetta in camerino di ritornare in scena, deve far vocalizzi e sforzarsi di mantenere il suono alto, visto che l'aria che dovrà eseguire, pur apparentemente semplicissima, ha una tessitura ardua, facile da sporcare fin dal primo suono.

Ci sono delle rappresentazioni di Nabucco *che ricorda più di altre?*

Soprattutto quella di Tel Aviv, nel '94, con la direzione di Daniel Oren. Era la prima esecuzione di *Nabucco* in terra d'Israele. Fu straordinariamente commovente. Non voglio fare retorica inutile, ma s'immagina cosa significa trovarsi in un Paese a cantare un'opera grandiosa che lo rappresenta, pronunciando parole come *Torna Israello, torna alle gioie del patrio suol*, e vedere tutto il pubblico del teatro alzarsi in piedi, per applaudire e urlare? Poi c'è un aneddoto divertente che riguarda un *Nabucco* che feci all'Arena di Verona. Tra gli spettatori c'era Bossi, il quale al suo ingresso fu fischiato. Era venuto a sentire il *Nabucco* perché la Lega aveva adottato il *Va, pensiero* come proprio inno, sbagliando clamorosamente. Probabilmente non sapevano che si tratta di un coro di ebrei, e di certo ignoravano l'esistenza di un'opera verdiana intitolata *I Lombardi alla prima crociata*, dove tra l'altro c'è il famoso coro dei lombardi, *O Signore, dal tetto natio*, che dice proprio quello che i leghisti desidererebbero far dire a un coro.

Nabucco *è un grande ruolo per baritono. Qual è il rapporto di Verdi con questo tipo di voce? C'è chi sostiene che le opere verdiane trattino sempre il baritono meglio del tenore.*

È una domanda interessante, che mi permette di parlare dell'importanza di Verdi come uomo di teatro. Dal punto di vista teatrale, Verdi è stato un innovatore straordinario. Se le grandi novità musicali arrivano con *Otello* e *Falstaff*, quelle teatrali giungono molto prima. Era un profondo conoscitore di Shakespeare, e prima di iniziare a scrivere le opere ne recitava i libretti per trovare le intonazioni giuste. Molti suoi recitativi, quando non vengono cantati ma recitati con i tempi giusti (mi è capitato di sperimentarlo varie volte), sembrano stralci di Schiller o di Shakespeare. Troppo spesso si canta Verdi con un'enfasi melodrammatica che ne fa smarrire il senso teatrale. *È strano... Cessarono gli spasmi del dolore...* È il finale della *Traviata*. Bisogna dirlo piano, semplicemente recitando, in un sospiro, lo stesso di quando vidi morire mia madre. Una volta, a Londra, lavorando nella *Traviata* diretta da Solti con Angela Gheorghiu, ebbi la sfacciataggine di dire al Maestro: «Perché non glielo fa fare veramente com'è scritto, questo finale?». Lei lo interpretava melodrammaticamente. Angela lo eseguì di nuovo come voleva Verdi e tutti ci mettemmo a piangere, a partire da Solti. Per la commozione generale, si dovette sospendere la prova per un quarto d'ora.

Torniamo al baritono in Verdi.

La teatralità di Verdi si esprime anche nel ruolo nuovo che attribuisce al baritono. Le spiego: in prosa, il teatro classico romantico prevede un attor giovane, innamorato della prima attrice, un contendente e un altro personaggio, che può essere un padre o un sacerdote o il nonno... Nel teatro d'opera romantico l'attor giovane è il tenore, la primadonna è il soprano e il rivale è sempre un baritono. Nel repertorio classico romantico il baritono non è mai in scena fino alla fine, termina sempre nel secondo o nel terzo atto. E vocalmente i baritoni di Mozart, così come quelli di Bellini e Donizetti, in realtà sono bassi-baritoni. Accade anche in Rossini: Guglielmo Tell è un basso-baritono. Verdi ha modernizzato tutto portando i due contendenti allo stesso livello: ha abbassato la tessitura del tenore e alzato quella del baritono. Ecco dove cambia la struttura (anche se poi, nel verismo, i compositori hanno rimesso le cose un po' com'erano prima). Nel terzetto del *Trovatore*, tenore e baritono cantano più o meno sulla stessa tessitura. *Mal reggendo*, del tenore del *Trovatore*, ha una tessitura da baritono.

Sente naturalezza nella scrittura verdiana dei ruoli baritonali?

Molta. Verdi – si dice che fosse un baritono egli stesso – sapeva bene che la voce del baritono è quella più naturale, la meno esposta alla forzatura tecnica. Tanto è vero che nella musica leggera americana il cantante protagonista si chiama *the bariton*. Nel grande repertorio dei musical la voce più importante è sempre quella del baritono. Pensi a *Sette spose per sette fratelli*.

Quali sono i ruoli baritonali più rilevanti del teatro verdiano?

Tanti: Macbeth, Simon Boccanegra, il Doge Foscari... E naturalmente Rigoletto, il personaggio verdiano che forse ho interpretato di più, in pratica in tutti i massimi teatri del mondo. In *Falstaff*, poi, sono baritoni addirittura i due personaggi centrali. È molto significativo il fatto che proprio nell'opera con cui conclude il suo percorso compositivo, Verdi scelga due baritoni per i due ruoli più importanti, Ford e Falstaff.

Leo Nucci nel *Nabucco* diretto da Riccardo Muti, Teatro dell'Opera, Roma, 2011.

L'opera

Per molti anni il coro *Va, pensiero* sintetizzò *Nabucco*, anzi lo mise in ombra. Il fatto aveva una radice storica, quasi inevitabile. Quel coro, non ancora celebre ma regolarmente tirato in ballo rispolverando l'oziosa questione del cambio di inno nazionale (dimenticando quanto poco la sua impronta di preghiera laica abbia a che vedere con la marzialità fisiologica d'una colonna sonora destinata a ritmare parate militari, cerimonie pubbliche e premiazioni sportive), nacque in modo clamoroso. Lo confortò, fin dal 9 marzo 1842 data ufficiale del battesimo al Teatro alla Scala, un favore leggendario. In realtà tutta la musica di *Nabucco* ottenne un successo da primato: dopo otto trionfali repliche, la nuova opera verdiana fu ripresa, a partire dal 13 agosto, per una seconda serie che doppiò nel giro di poche settimane il numero delle sessanta rappresentazioni. Il titolo comparve poi con regolarità stagionale – 1844, 1846, 1850, 1853, 1855, 1857 e 1861 – quasi a risarcire gli spettatori del lungo embargo imposto in seguito da Verdi al teatro milanese, che dopo *Giovanna d'Arco* (1845) e fino al debutto italiano di *Forza del destino* (1869) e di *Aida* (1872), non ebbe più l'onore di ospitare una sua importante *prima*.

Le cronache della serata d'esordio, cui contribuì un cast di prim'ordine (Giorgio Ronconi, Prosper Dérivis, Giovanna Bellinzaghi, e Giuseppina Strepponi che, col Ronconi, aveva patrocinato anche il debutto di *Oberto, conte di San Bonifacio*, 1841, opera d'esordio del ventottenne compositore), sono eloquenti. Se si escludono le riserve per la Strepponi, declinante come voce (e in una parte non comoda) ma in procinto di entrare col peso che sappiamo nella vicenda biografica di Verdi (ufficialmente, dal 1846), tutti i fogli del tempo esaltarono l'originale prova drammatica del giovane autore più volte chiamato alla ribalta. Anche se la sera della prima a essere bissato fu il coro conclusivo *Immenso Jehovah!*, esplosero in simultanea il mito del *Va, pensiero* – «aria per soprani, contralti, tenori e bassi», sintetizzò Gioachino Rossini, cogliendo il senso emotivo e musicale nuovo di quella massa corale che cantava all'unisono un'unica linea melodica – e di *Nabucco* come opera della sorprendente e definitiva affermazione verdiana. Il gran coro fu adottato a furor di popolo: il pubblico credette di scorgersi ritratto in quel gruppo di ebrei sulle rive dell'Eufrate, e di leggere nei versi ansie, malinconie ma anche speranze e «fatidici vati» rivoluzionari di prossimo riscatto per la contemporanea patria oppressa, «sì bella e perduta».

Tutto era iniziato nel gennaio 1841 col gesto amichevole e complice con cui Bartolomeo Merelli – l'impresario scaligero che dopo *Oberto* l'aveva messo sotto contratto biennale (per tre opere) – fece scivolare in tasca al compositore il libretto già scritto da Temistocle Solera e rifiutato da Otto Nicolai. Il resto è noto. La leggenda musical-popolare ottocentesca fu sornionamente alimentata dallo stesso autore che all'occasione biblica fu grato per la vita. La cornice aneddotica, col precedente lacrimevole di tragedie familiari e dell'infausto esito del *Giorno di regno*, l'idea dell'affermazione-riscatto per il giovane (ma nemmeno tanto) musicista venuto dalla provincia e trattato con scarsa indulgenza dalla commissione d'ammissione al Conservatorio milanese, e l'allusività nazional-risorgimentale del libretto, sono un santino d'autore perfetto. E offrì uno squarcio romanticamente edificante (e enfatico) di vita artistica e teatrale del secolo scorso cui attingeranno con alacrità tutte le biografie verdiane.

I DUE FOSCARI

Werner Herzog

È considerato il regista del cinema «impossibile», degli eccessi romantici, delle sfide titaniche alla natura, della ricerca di un'inattingibile memoria d'infinito. Cineasta cupo e insondabile, il tedesco Werner Herzog (1942) ha con il melodramma un rapporto assiduo e ricco di risultati. Ma anche conflittuale. Confessa che, nel ruolo di spettatore, prova addirittura fastidio per gli spettacoli operistici: «Preferisco andare allo stadio», afferma con piglio provocatorio. Di musica ne sente tanta, ma solo a casa, attraverso i dischi, appassionandosi a tradurre le opere che ascolta, da visionario esperto, in messe in scena mentali: «Sanno sollecitare immagini che mi si aprono con chiarezza nella testa». Per questo non sopporta assistere alle opere liriche dal vivo: «Trovo disturbanti le visioni concepite da qualcun altro, che si sovrappongono alle mie invadendomi in modo irritante. Non metto piede nei teatri se non quando ci devo lavorare».

Ciò nonostante, questo regista cinematografico internazionalmente molto celebrato grazie a titoli indimenticabili come *Aguirre, furore di Dio* e *L'enigma di Kaspar Hauser*, ha montato un gran numero di opere, a partire da *Doktor Faust* di Ferruccio Busoni, messo in scena nel 1985 a Bologna. E tra le sue produzioni teatrali figurano alcuni Wagner (anche a Bayreuth), una *Norma* all'Arena di Verona e un *Fidelio* alla Scala con Muti. Parlando di opera, mostra la stessa avidità di catastrofi con cui attraversa i paesaggi paurosi dei suoi film, dall'Amazzonia infida di *Fitzcarraldo* alle cime vertiginose di *Grido di pietra* e al Kuwait martoriato dalla Guerra del Golfo di *Lezioni dal-*

l'oscurità. Racconta che la prima (e forse l'unica) opera che vide come spettatore fu un titolo di Verdi, *Ernani*, a cui si trovò ad assistere molti anni fa alla Scala: «Pensavo a un severo rituale e invece fu un macello: Renato Bruson aveva problemi di voce e si scatenò la gazzarra, con spettatori che urlavano insulti indecenti. Compresi che era un mondo pericoloso e folle, abitato da artisti mandati allo sbaraglio come in un'arena di gladiatori e pronti a mettersi in gioco davanti a un pubblico eccitabile, sadico e desideroso di massacri. Ora che di opere ne ho messe in scena tante, ho imparato a godere del clima teso e angoscioso di cui si nutre la lirica, un contesto affollato da intrighi, scandali, bisticci e individui troppo sensibili, che hanno sempre l'impressione di essere sull'orlo del baratro. I cantanti, per esibirsi, hanno un tale bisogno della febbre d'ansia che se non c'è un disastro io cerco d'inventarlo».

Nel marzo del 2013, Herzog ha firmato al Teatro dell'Opera di Roma la regia dei *Due Foscari* di Giuseppe Verdi, compositore con il quale si è cimentato precedentemente un'unica volta, in occasione dell'allestimento (Bologna, 1989, con ripresa a Genova nel 2001) di *Giovanna d'Arco*, considerata di solito quasi irrappresentabile. Herzog la trova «così interessante musicalmente che Verdi attinse molto a questa partitura per lavori successivi». Aggiunge che «il problema di *Giovanna d'Arco* è il caotico libretto di Temistocle Solera, il quale impasticcia l'icona dell'eroina principale con un rapporto d'amore incongruo. Insieme allo scenografo Henning Von Gierke, pittore noto in Germania, optammo per la chiave dell'estasi della protagonista, personaggio storico di cui amo il fanatismo, la purezza e l'emarginazione. La sua figura dominava uno spettacolo inondato dalla luce, accecante e visionario».

Come *Giovanna d'Arco*, anche *I due Foscari* è una tra le opere meno eseguite di Verdi: «Ma questo, per me, non è affatto un deterrente, anzi: mi attraggono le sfide e i luoghi inesplorati», segnala Herzog. «Infatti non ho alcuna voglia di misurarmi con la trecentesima *Traviata* o con la millesima *Aida*. Prediligo i titoli meno frequentati e mai accettati completamente dal pubblico. Mi stimola indagarne i problemi. Mi comporto un po' come accade quando faccio cinema, un ambito in cui tendo sempre a inseguire territori difficili, anche geograficamente. Non a caso debuttai nella lirica con un'opera come *Doktor Faust* di Busoni, che consisteva solo in un frammento e non era stata mai rappresentata in Italia».

Se da spettatore lei non ama la lirica, come spiega, di volta in volta, la sua adesione alla teatralità dell'opera e il suo successo come regista in questo campo?

Sono un vero outsider. Perciò i miei spettacoli evadono dai cliché e dalle mode registiche del momento. Non mi adeguo ad alcuna corrente, e forse questo spiega perché ottengo un certo plauso. Mi applico alle regie con sguardo vergine.

Si sente condizionato dalla partitura musicale, nelle sue scelte registiche?

Lo sono al cento per cento. Nell'opera non si è mai liberi, ed è giusto che sia così. Ci sono limiti posti dalla musica, dal libretto e dalle possibilità sceniche del teatro che ospita lo spettacolo. E ancora dalla qualità dei cantanti e dall'ensemble delle voci. Bisogna identificare una strada per realizzare ciò che è veramente l'opera, e quindi trovare in se stessi la capacità di trasformare un mondo intero in musica. Questa, per me, è l'assoluta priorità, quando faccio una regia di lirica. Infatti la mia intesa con il direttore d'orchestra è di solito perfetta. Il mio spettacolo dipende intimamente dalla fisionomia musicale dell'opera. Cosa che risulta sempre molto gradita ai musicisti con cui collaboro.

Lei, a Roma, ha montato I due Foscari *con la direzione orchestrale di Riccardo Muti. Cosa l'attrae, in particolare, di quest'opera di Verdi definita spesso «minore»?*

Penso che *I due Foscari*, come *Giovanna d'Arco*, e malgrado il genio di Verdi, abbia dei deficit narrativi irrimediabili. Non è un'opera sorretta da una storia ben funzionante teatralmente. Soffre di varie pecche dal punto di vista drammaturgico, ed è difficilissima da rappresentare perché si risolve in una serie di numeri molto brevi dove i caratteri dei personaggi non hanno sviluppo. Però contiene passaggi musicali bellissimi, disseminati lungo i tre atti. Ciò che mi appassiona è il fatto che, nel terzo atto, diventa chiaro che al popolo non importa nulla della politica. La gente è assai più catturata dallo spettacolo della regata e dal Carnevale. A un certo punto, nella mia lettura teatrale, il coro gira le spalle rispetto alla platea, mettendosi a osservare quel che succede in laguna. Gli spettatori vedono quindi la massa dei coristi di schiena. E c'è anche qualche giocoliere che si esibisce per intrattenere la folla. Insomma a Venezia, durante l'azione, tutti se ne infischiano di quanto sta accadendo nel palazzo del Doge. È una visione cinica e contemporanea della politica e del rapporto tra il governo e la collettività. Un altro aspetto che trovo notevole e inusuale, in quest'opera, è il fatto che prevalgano i cattivi, e che invece i buoni, cioè i due Foscari, muoiano. Solitamente i finali devono essere edificanti, con il trionfo dell'amore o comunque la vittoria di una causa nobile. Qui, al contrario, la fortuna sta tutta dalla parte delle canaglie. Questa, probabilmente, è una delle ragioni per cui *I due Foscari* non è mai diventata un'opera popolare.

La sua ambientazione dei Due Foscari, *che nel libretto si svolge a Venezia a metà Quattrocento, mostra una città ibernata, come divorata dal ghiaccio. Perché?*

Nella scenografia di Maurizio Balò, Venezia è vista in una sorta di Rinascimento astratto, ma anche rivisitato con gli occhi del Novecento. Abbiamo pensato alle architetture del potere e delle dittature e a una dimensione oppressiva della città. E ci hanno ispirato certe fotografie della laguna ghiacciata. La nostra è una Venezia immersa in una sorta di epoca di glaciazione. Quest'idea dell'inverno e del gelo si riflette anche nei costumi con pellicce, anch'essi vagamente rinascimentali. È una scelta che intende sottolineare lo status quo che raffredda e irrigidisce la società dall'interno: proietta un congelamento sociale. Al centro della storia, inoltre, c'è un uomo vecchio che muore, e quindi, in un certo senso, questa è anche una parabola del gelo che raffredda l'ultima parte della vita.

Nei Due Foscari *viene messo in risalto il sentimento della paternità, cosa che succede spesso nelle opere di Verdi. Il Doge deve condannare all'esilio il figlio Jacopo, pur sapendolo innocente. L'amore privato si oppone al potere pubblico, lo strazio del cuore entra in collisione con la severità delle leggi.*

Sono cose che accadono non soltanto in Verdi, ma che si ritrovano frequentemente nel repertorio del grande melodramma. Certo Verdi, a causa della propria storia personale di padre mancato, sentiva in modo speciale l'intensità del sentimento paterno. Però io lo vedo, più in generale, come uno dei massimi tòpoi letterari della lirica.

Sente, in quanto regista, la straordinaria teatralità di Verdi?

Naturalmente sì. Altrimenti i suoi capolavori non sarebbero così inesauribili e atemporali. Tutta la sua musica è un dono al mondo. Nel mio film *Fitzcarraldo* Caruso canta arie verdiane e per *Apocalisse nel deserto* ho utilizzato il *Requiem* verdiano.

I due Foscari diretto da Werner Herzog, Teatro dell'Opera, Roma, 2013.

L'opera

Già nel primo contatto con la Fenice, nel 1843, Verdi aveva proposto tra gli altri soggetti un libretto tratto da *The Two Foscari* di George Byron che era uno dei temi più frequentati del repertorio romantico. Basti pensare alle numerose intonazioni che gli dedicò Francesco Hayez, di cui Verdi probabilmente conobbe le due principali attraverso Andrea Maffei (amico personale e consulente storico del pittore). Infatti molto della complessa regia scenica dell'*Ultimo abboccamento di Jacopo Foscari con la propria famiglia* di Hayez (presentato a Brera nel 1840) confluirà nell'organizzazione del concertato che conclude il II atto dell'opera, e le didascalie librettistiche del finale richiameranno molti dettagli tratti da *Francesco Foscari destituito* (1842-44).

«È un bel soggetto, delicato, ed assai patetico», scrisse il compositore allora, sottovalutando l'impatto sul pubblico veneziano di una storia che poteva suonare ancora offensiva per i discendenti delle famiglie coinvolte nella storica vicenda. La fosca tragedia, che proponeva già alcune tematiche tipicamente verdiane (il dramma di un padre combattuto tra affetti privati e ruolo pubblico, e la solitudine fatalmente destinata all'uomo che detiene il potere) fu quindi riproposta nel 1844 al teatro Argentina di Roma. Una volta scartato per ragioni di opportunità l'altro soggetto veneziano e byroniano (*Marin Faliero*, appena musicato da Gaetano Donizetti) e non concessa un'opera incentrata su Lorenzino de' Medici (personaggio troppo sovversivo per la censura papalina), Verdi rilanciò *Due Foscari*, seppure chiarendo a se stesso – prima che al librettista: sarà ancora Piave – che il racconto mancava di «grandiosità scenica»: ci sarebbe stato bisogno di qualche soluzione drammatica nuova e «un po' di fracasso specialmente nel primo atto». Uniformità di toni espressivi (e concisione) rimarranno una caratteristica della nuova partitura. Una tinta che tre anni dopo la prima romana (3 novembre 1844) lo stesso Verdi indicherà come impaccio alla circolazione dell'opera per la quale «aveva molta predilezione». Al Piave scrisse: «Nei soggetti naturalmente tristi, se non si è ben cauti si finisce fare un mortorio, come, per modo di esempio, i *Foscari*, che hanno una tinta, un colore troppo uniforme dal principio alla fine».

A seguito della moderna rigenerazione critico-esecutiva iniziata nel cinquantenario della morte con una lettura secca, quasi urticante, di Carlo Maria Giulini, oggi è il colore cinerino uniforme a fornire uno dei motivi di fascino della partitura, che si può considerare l'altro profilo orchestrale e affettivo rispetto al coevo *Ernani*. Quello slancio giovanile, nei *Foscari* lascia posto alla malinconia, l'ardente colore passionale spagnolo alle atmosfere decadenti e cupe della laguna, l'eroismo del giovane tenore alla stanchezza generazionale e spirituale d'un baritono che crolla sotto il peso del dolore e degli affanni. Ci sta dunque l'aria di prostrazione che esala fin dal primo disegno orchestrale del breve preludio che espone di seguito i due temi di Jacopo (clarinetto) e Lucrezia (flauto), usati da Verdi con altri brevi disegni come motivi di riconoscimento. Così come ha una sua ragione precisa, l'idea di un racconto vertiginoso (è una delle opere più brevi di Verdi ma anche una delle più raffinate armonicamente del primo decennio) in cui tutti perdono (tranne il vendicativo e «cattivo» Loredano, voce di basso, confinato infatti in un ruolo vocale secondario), e in cui la rassegnazione è la prerogativa dei due protagonisti maschili. Annichiliti prima, sconfitti e infine uccisi senza ribellarsi alle palesi ingiustizie. L'unico personaggio «maschile», che agisce e reagisce, è Lucrezia. Invano.

MACBETH

Renato Bruson

Parla Renato Bruson, celebrato interprete del *Macbeth* di Verdi: «È un'opera che mi piace, e che ho studiato molto. Ma attenzione: il personaggio di Macbeth, in Verdi, è molto diverso da quello shakespeariano. Se infatti in Shakespeare è un sanguinario atroce, un uomo davvero terribile, capace di crudeltà e di efferatezze sconfinate, in Verdi è piuttosto un insicuro. Un debole e un dominato, manipolabile e controllato dalla moglie. È una visione che bisogna sempre tener presente nell'interpretazione».

Voce profonda, morbida, pastosa, fraseggio eloquente, teatralità carismatica, il grande baritono veneto (è nato a Granze, Padova, nel 1936), impostosi fin dagli anni Sessanta come uno tra i migliori interpreti verdiani del nostro tempo, offre la sua prospettiva originale di un ruolo con cui ha sempre coltivato una sintonia particolare. «Debuttai come Macbeth nel '67 in Sudafrica, per una decina di recite tra Johannesburg e Pretoria», racconta. «Poi, negli anni Settanta, cominciai a cantarlo in Italia, prima a Bologna e in seguito a Treviso, con Leyla Gencer come Lady Macbeth: straordinaria, inarrivabile, la migliore partner che io abbia avuto in quest'opera. Appariva in scena e non c'era neanche bisogno che si muovesse: emanava pathos con tutta se stessa».

Torniamo per un momento a Macbeth, il suo personaggio. Può chiarirne meglio le caratteristiche? Perché lo considera un debole?

Perché ha sempre bisogno di essere guidato da qualcuno. Ora a spingerlo c'è la Lady che in realtà, e a differenza di quanto accade in

Shakespeare, è la vera protagonista dell'opera, animata da un'immensa sete di potere. È lei che tiene le fila della vicenda. Ora c'è l'oracolo, ovvero le streghe: Macbeth ha bisogno di andare a chiedere loro che cosa deve fare e come deve comportarsi. Dopo, in effetti, Macbeth agisce. Ma prima di farlo esige spinte, motivazioni o consigli altrui. La dimostrazione più evidente del carattere direi «addolcito» del personaggio verdiano rispetto a quello di Shakespeare è la sua aria finale: *Pietà, rispetto, amore*. Macbeth chiede perdono, e questo nella tragedia shakespeariana sarebbe inconcepibile per com'è fatto il personaggio. Insomma, se il Macbeth di Shakespeare è un'incarnazione del male a tutto tondo, il Macbeth di Verdi è pieno di sfumature che lo avvicinano di più a un uomo comune, anche se succube, travagliato e pauroso.

Quest'ottica «addolcita» del personaggio le sembra incontestabile?

Certo. Come potrebbe il Macbeth sanguinario della tragedia shakespeariana chiedere perdono? Eppure, a volte, questa visione mi è stata contestata. Ricordo certe discussioni con un regista, Elijah Moshinsky, in occasione di un *Macbeth* messo in scena al Covent Garden di Londra. Dopo una lunga serie di battibecchi venne a mostrarmi il testo di Shakespeare. «Non è giusto», gli dissi, «io mi baso su Verdi, non su Shakespeare».

Quali considera le edizioni più riuscite del Macbeth *a cui ha partecipato?*

Rammento molto le prime, quella di Bologna e soprattutto quella di Treviso, con la Gencer. Mai più, le dicevo, ho visto una Lady come la sua. Ho cantato il *Macbeth* anche con altre bravissime Lady, come Shirley Verrett, Renata Scotto, Grace Bumbry, Sylvia Sass, Olivia Stapp, Mara Zampieri. Ma la Gencer era un'altra cosa, un personaggio impressionante. La ricordo nella famosa scena del sonnambulismo: non ho mai più visto niente di simile. Arrivava con la candela, la appoggiava sulle tavole del palcoscenico, si sedeva per terra e cantava. Un'apparizione grandiosa e totalmente credibile: era *davvero* una sonnambula. Fu l'unica volta, purtroppo per me, che cantammo insieme. Alla fine dell'opera, quando si esce a prendere gli applausi, di solito è il protagonista a uscire per ultimo. Io invece lasciai alla Gencer il privilegio. Perché sentivo che a lei toccavano i massimi onori. Altre eccellenti edizioni del *Macbeth* in cui ho cantato sono state quella di Berlino, nell'80, diretta da Sinopoli, con un bellissimo spettacolo di Ronconi, di cui esiste anche una versione in video, e quella di Parigi, all'Opéra Garnier, nell'84, con Shirley Verrett come Lady, la direzione di Prêtre e la regia di Antoine Vitez. Ho anche inciso l'opera, diretta da Sinopoli, con la Philips.

Quali considera i momenti tecnicamente più difficili dell'opera? E quali i più belli?

Partiamo col dire che tutto è difficile da cantare, sempre: la voce è un animale strano, sensibilissimo, imprevedibile, che non si può comandare. Quanto ai momenti belli, ce ne sono molti: secondo me è notevole, nel primo atto, il duetto con Banco, e poi, poco dopo, l'incontro con la Lady, splendido. Altri passaggi memorabili sono il banchetto e le scene delle streghe. Ed è meravigliosa l'aria finale *Pietà, rispetto, amore*.

In che modo Verdi tratta i cantanti?

Molto bene. Verdi era consapevole della voce molto più di tanti altri compositori.

Condivide l'opinione di chi sostiene che i ruoli a cui Verdi dava la musica più bella erano quelli baritonali?

Non direi proprio: Verdi ha trattato bene tutti. Pensi ai bassi! Spesso mi è venuto in mente che mi piacerebbe essere un basso per poter fare certi ruoli verdiani. E poi il tenore: figura così romantica che fa successo di per sé. È sempre lui il personaggio più eroico e più appassionato. Invece i baritoni verdiani sono quasi sempre padri, oppure dogi, oppure mariti traditi. Comunque tutte le arie di Verdi sono eccezionali. È stato un musicista *necessario* per la vocalità.

Quali altre opere verdiane le piace cantare?

Simon Boccanegra, *Otello*, *I due Foscari*, *Rigoletto*, *Nabucco*, *Don*

Carlo, *La Traviata*... Tutte. Con Verdi non si smette di scoprire. Ho debuttato molto tardi in *Stiffelio*, a Vienna: era un'opera che prima non avevo mai voluto fare. Poi, studiandola, ne ho compreso la bellezza.

Macbeth *non è una tra le opere più popolari e rappresentate di Verdi. Secondo lei per quali motivi?*

Io credo che la diffusione di un titolo dipenda da chi cura le programmazioni nei teatri e dai direttori d'orchestra. E per esempio è soprattutto a Claudio Abbado che si deve la riscoperta del *Macbeth* e del *Simon Boccanegra*. *Macbeth* è anche un'opera più difficile di altre perché non contiene romanze o cori che si fanno ricordare e che gli spettatori possono fischiettare uscendo dal teatro. Peccato, perché la drammaturgia è straordinaria. Di Verdi ci sono tante altre opere bellissime che non si eseguono spesso per motivi analoghi: *I Masnadieri*, *La battaglia di Legnano*, *I Vespri siciliani*, *Giovanna d'Arco*, *Stiffelio*... Un'altra ragione per cui *Macbeth* si fa poco è che oggi è difficilissimo trovare una buona Lady. E l'opera, come ho detto, appartiene soprattutto a lei.

Leyla Gencer

Soprano celebre per tecnica sensazionale, eloquenza d'accento, sensibilità stilistica e temperamento scenico, Leyla Gencer (Istanbul 1928-Milano 2008) è stata la protagonista di una carriera luminosa e lunghissima, iniziata negli anni Cinquanta e conclusa negli anni Ottanta (ma ha cantato fino al '91, anno del suo ultimo concerto). Probabilmente è stata proprio lei la massima Lady Macbeth del nostro tempo. La più espressiva, la più vibrante, la più immedesimata nel ruolo. Sono stati in tanti a sostenerlo. Bruson, che le fu accanto a Treviso, quando lui era agli esordi e lei era già da tempo una stella di prima grandezza, ne ha un ricordo incancellabile: mai eguagliato, dice il grande baritono, dalle partner che ebbe in seguito nel *Macbeth*. Ancora oggi direttori come Muti, che negli anni Sessanta la diresse a Firenze, ne descrivono l'impatto come Lady: «Un'apparizione da far tremare i polsi». E la sua interpretazione della scena del sonnambulismo resta negli annali della lirica.

«È un personaggio a cui sono legatissima», raccontava la signora Gencer, nella sua casa di Milano (dove trasmise per molto tempo la sua esperienza ai giovani cantanti dell'Accademia della Scala), in quest'intervista raccolta qualche anno prima della sua scomparsa. E spiega la storia del suo rapporto con *Macbeth* come una vicenda ricca di rivelazioni: «La Lady è una donna diabolica, molto diversa rispetto a quel che ero o mi sentivo io agli inizi della carriera. Pensavo che il ruolo, proprio per il suo aspetto satanico, non fosse nelle mie corde. Invece, poi, mi sono scoperta un temperamento inaspettato di "cattiva":

etichetta che mi è rimasta addosso per molti anni. Vocalmente ero un soprano drammatico di agilità e una musicista ostinata nell'interpretare sempre tutto proprio così com'era stato scritto».

Parliamo del suo debutto come Lady Macbeth.

Avvenne con Vittorio Gui, a Palermo, nel '60. Allora il *Macbeth* non era un'opera di repertorio, lo divenne in seguito. L'aveva cantata nel '53 la Callas, ma una volta sola. Considero il Maestro Gui uno dei miei tre direttori-guida: gli altri furono Tullio Serafin e Gianandrea Gavazzeni. Il primo a scoprirmi fu Serafin, negli anni Cinquanta, gli stessi in cui la Tebaldi e la Callas erano all'apice della carriera. Giunta in Italia come un'oscura cantante di origine turca, fui notata subito per qualità considerate fuori dal comune.

Le riassumo i miei inizi. A Istanbul, mentre ero ancora al conservatorio, conobbi Giannina Arangi-Lombardi. Lei, che insegnava ad Ankara, era venuta in vacanza a Istanbul. Andai a trovarla, mi ascoltò e subito mi chiese di trascorrere quindici giorni da me, nella mia villa sul Bosforo, per studiare insieme arie di opere verdiane. Alla fine del suo soggiorno, la Arangi-Lombardi mi spinse a lasciare il conservatorio e a seguirla ad Ankara, predicendomi un futuro brillante. In tal senso posso dire che il mio destino è nato sotto il segno di Verdi, con cui, per una curiosa coincidenza, condivido il giorno della nascita: 10 ottobre. Partì così la mia carriera teatrale, per la quale fu determinante l'incontro con Serafin, che nel '54 mi fece scritturare per l'*Evgenij Onegin* di Ciaikovskij al Teatro San Carlo di Napoli, che all'epoca era al massimo del suo splendore. Dopo l'*Onegin* Serafin mi fece debuttare nella *Traviata* a Palermo, e poi ne *I due Foscari* per l'inaugurazione della Fenice di Venezia nel '57. Con Gui, mio secondo Maestro, feci *La battaglia di Legnano*, restando quindi sempre nell'ambito del primo Verdi. E nel '60 fu la volta del *Macbeth*.

Che ricordo ha di quella prima versione palermitana diretta da Gui?

Bellissimo. Per me, da molti punti di vista, resta l'edizione della perfezione, il mio più bel *Macbeth* nel senso dell'«edonismo» della voce. Checché ne dicano certi critici, io considero Verdi un belcantista. Il

Macbeth è pieno di agilità drammatiche, molto espressive e forti. E il mio ruolo in quel *Macbeth* palermitano era vocalmente chiaro, netto, pulito: una Lady ideale.

Può definire le caratteristiche del personaggio?

Incarna un'ambizione sfrenata di potere, una volontà d'imporsi a tutti i costi, mentre dal punto di vista vocale il ruolo richiede una voce da soprano drammatico di agilità. È una straordinaria creatura demoniaca che ha sottomesso completamente il coniuge, il quale viene dominato e guidato da lei, così come succede a tanti mariti. Le storie di potere, in fondo, sono sempre piuttosto simili tra loro, anche oggi.

Con quali altri direttori, dopo Vittorio Gui, ha fatto il Macbeth*?*

Con Hermann Scherchen. Fu lui a dirigermi nel mio secondo *Macbeth*, nel '64 alla Scala, dove l'opera non veniva rappresentata dal '53. Al debutto, in gennaio, aveva cantato Birgit Nilsson, poi ci fu una ripresa tra aprile e maggio, che feci io. La regia era di Jean Vilar, con cui ebbi la rivelazione della scena del sonnambulismo. Prima di scegliermi Scherchen aveva voluto sentirmi nella Sala Gialla della Scala, con tutto lo staff scaligero e un Maestro al pianoforte. Disse: «Mi canti le tre arie, *Nel dì della vittoria*, *La luce langue* e la scena del sonnambulismo». Aveva occhi di un azzurro intenso, molto penetranti. Io cantai e lui, puntandomi addosso quel suo sguardo lucido, brillante, mi disse: «Non ho bisogno di provare con lei, sul palcoscenico faccia pure quel che vuole. E dalla scena mi guardi sempre negli occhi». Lo feci: il suo sguardo mi calamitava. La recita fu molto bella, venni subissata dagli applausi. Jean Vilar aveva impostato lo spettacolo in modo scarno, essenziale.

Spicca, tra le sue interpretazioni, un Macbeth *alla Fenice di Venezia, nel '68, diretto da Gavazzeni. Come differiva dall'interpretazione di Gui?*

Fu un *Macbeth* definito storico. Avevo cominciato a cantare con Gavazzeni nel '58, e tra noi c'era stata fin dagli inizi un'intesa profonda. Aveva una visione dell'opera molto diversa da quella di Gui, che chiedeva un *Macbeth* rapido e conciso, più astratto. Invece quello di Gavazzeni allargava molto gli spazi e i tempi. Fu Gavazzeni a spiegarmi che quella del sonnambulismo è una vera scena di pazzia teatrale. Di certo Verdi, scrivendola, pensò alle pazzie donizettiane. E sempre Gavazzeni cambiò la scena del brindisi, rendendola solo nella prima parte scintillante e brillante. Prima si eseguiva in modo più uniforme, con la stessa leggerezza nelle due parti. Invece nell'interpretazione di Gavazzeni, quando le note del brindisi riprendono e Macbeth è in preda alle allucinazioni, il clima diventa tragico, cupo, angoscioso. Un colpo di genio che poi adottarono tutti: divenne quasi una regola eseguire il brindisi in modo diverso nelle due parti. Verdi ci teneva molto alla tinta, come ha scritto Gavazzeni nei suoi diari. Ogni opera ha il suo colore, e io ho fatto di questo principio una massima della mia vita musicale. *Macbeth* è scuro, drammatico: ha una tinta come stregata. Per me, il senso del colore impresso da Gavazzeni fu un'ulteriore scoperta rispetto ai *Macbeth* precedenti. D'altra parte, ogni volta che si torna a studiare un'opera affiorano nuove verità. Come accadde anche con Muti, a Firenze, nel '75.

Come ricorda quell'edizione?

La regia di Franco Enriquez prevedeva una passerella alta quattro metri sopra il palcoscenico, dove dovevo fare la scena del sonnambulismo. L'idea di stare lassù, all'inizio, mi spaventava moltissimo. Poi invece, una volta salita sopra, non ci pensavo più, tanto ero immedesimata nel ruolo. Sono questi i miracoli del teatro. Lo spettacolo era molto suggestivo, e fu un trionfo. Con Muti nacque un bellissimo rapporto: una grande amicizia, che da allora in poi mi ha sempre accompagnata.

Quale fu il suo Macbeth *più interessante dal punto di vista teatrale?*

Il *Macbeth* che feci a Roma nel '69, con la regia di De Lullo e le scene e i costumi di Pizzi. Dirigeva Bartoletti. Uno spettacolo indimenticabile, ma non capito: era troppo all'avanguardia, con un'ambientazione di scale e ponti mobili, grigia e nera, che comunicava un senso profondo di solitudine, come una prigione dell'anima. Feci anche un *Macbeth* memorabile, a Treviso, con Bruson, che era ai suoi esordi, nel '78.

Quali sono i momenti più difficili dell'opera?

Il recitativo *Nel dì della vittoria*, prima di cominciare l'aria e la cabaletta. Bisogna dare subito l'impressione di un personaggio carismatico. Ricordo che De Lullo mi fece scandire questo recitativo scendendo dalla cima di una scala. Era difficilissimo. Per di più dovevo dire tutto a testa alta perché, sosteneva De Lullo, la Lady quel testo non deve leggerlo: la lettera che le ha scritto Macbeth l'ha già riletta tante di quelle volte che ormai la sente sua.

Le parti più belle?

È bello tutto il *Macbeth*, non c'è niente da togliere. Sono parti straordinarie *La luce langue*, il duetto con Macbeth del primo atto, che va quasi sussurrato, in una fusione della musica con il dramma, il brindisi e naturalmente il sonnambulismo.

Considera il Macbeth *di Verdi fedele alla tragedia di Shakespeare?*

Sì, molto. E quando lo si interpreta veramente, quando gli si dà un senso teatrale forte, quest'affinità emerge con evidenza. Non a caso Verdi, per interpretare il ruolo, non volle la Tadolini, che aveva una bellissima voce. Io, quando feci la Lady a Palermo per la prima volta, la cantai forse come l'avrebbe cantata la Tadolini: limpida, pulita, rispettosa di tutta la scrittura musicale. Per questo il Maestro Gui mi diceva che ero una Lady «dolce». Quando invece la feci a Venezia con Gavazzeni avevo trovato una voce diversa, cattiva: «La voce aspra della Gencer», osservò il critico Mario Messinis. Proprio come la voleva Verdi, che scrisse: «La Tadolini ha una voce stupenda, chiara, limpida, potente; ed io vorrei nella Lady una voce aspra, soffocata, cupa».

Perché, secondo lei, Macbeth *non è mai stata un'opera molto popolare?*

Come molte opere del primo Verdi, è stata rivalutata solamente nell'ultimo trentennio. Le ragioni sono tante. Innanzitutto quelle del primo Verdi sono opere difficili da cantare. Pensi alla Lady: deve avere una tecnica di belcanto agguerrita e una grande drammaticità teatrale, espressa proprio nella dizione: Verdi ci teneva moltissimo. La parola è legata strettamente alla musica, e anche i silenzi e le pause sono importanti. Se non è detta con l'intenzione giusta, il dramma non emerge. Quella che Verdi chiedeva ai cantanti era la *parola scenica*, in una ricerca continua di fusione della musica con il dramma. Poi arrivò il verismo, che giunse a infierire sulla vocalità belcantistica, nel senso che indurì e ingrossò il volume delle voci e le plasmò per un tipo di teatralità diversa da quella verdiana. Il modo giusto per fare Verdi s'è ritrovato nel periodo della mia generazione, a partire dalla Callas. In seguito, però, si è talmente esagerato a furia di alleggerire le voci, senza utilizzare più le note gravi, che oggi si possono trovare tanto più facilmente voci rossiniane, mentre mancano le voci corpose che esige la vocalità verdiana. Bisognerebbe ritrovare la tecnica dei nostri grandi cantanti del passato.

L'opera

Macbeth è speciale. Scritta nel 1847, sbocciò con le stimmate del capolavoro ma capolavoro autentico si rivelò vent'anni dopo, a seguito a una revisione coscienziosa che non modificò la sostanza anticonformista di quest'opera unita a *Don Carlo* nella preveggenza drammatica e perfezione storico-critica. Del fatto che *Macbeth* fosse un capolavoro a metà (ma la versione del 1847 è tutto fuorché un embrione: andrebbe eseguita più spesso), l'autore si accorse per primo. «Alla lettura di questa musica sono stato colpito da cose che non avrei voluto trovarvi», scrisse Verdi nel 1864 all'editore parigino Léon Escudier, «vi sono diversi pezzi che sono deboli o mancanti di carattere, che è ancora peggio». Seguiva l'elenco dei punti su cui intervenire: «Un'aria di Lady Macbeth nell'atto primo; diversi quadri a rifare nella visione dell'atto secondo; rifare completamente l'aria di Macbeth, ritoccare le prime scene dell'atto quarto e far di nuovo l'ultimo finale, togliendo la morte di Macbeth». L'analisi non rimase lettera morta: Verdi si rimise al lavoro. La partitura oggi familiare è frutto di una sostanziale opera di revisione – in molti casi di riscrittura; in linea con il testo ritoccato insieme a Andrea Maffei – rispetto allo spartito presentato al Teatro della Pergola di Firenze il 14 marzo 1847.

Ma quel che Verdi osò con la sua decima fatica teatrale («questo Macbeth che io amo a preferenza delle altre mie opere» dice la dedica al «padre e benefattore e amico», nonché ex-suocero Antonio Barezzi), era già nato sotto il segno dell'eccezionalità. Al primo incontro di lavoro con Shakespeare (tramite la commissione del teatro fiorentino di Alessandro Lanari, il più innovativo impresario italiano di quegli anni), fu inevitabile leggere il *Macbeth* originale (noto nella traduzione italiana di Carlo Rusconi, pubblicata nel 1838, con un estratto del *Corso di letteratura drammatica* di August Wilhelm Schlegel in appendice) come una «delle più grandi creazioni umane». Verdi quindi chiede subito al librettista Piave: «se non possiamo fare una cosa grande, cerchiamo di fare almeno una cosa fuori dal comune»; sarà importante «tenere i versi brevi: non vi deve essere una parola inutile. Brevità e sublimità». A rileggere le comunicazioni epistolari che diedero il via alla creazione d'un testo ostico da realizzare rispettando ogni pretesa d'autore – al libretto alla fine metteranno le mani anche Andrea Maffei e lo stesso compositore – si avverte dietro le solite parole spazientite una determinazione drammatica nuova.

Del resto già nel primo accenno a *Macbeth* (lettera al Lanari del 17 maggio 1846), del soggetto si osserva che «non è né politico, né religioso: è fantastico». Realismo e fantastico sono le dimensioni entro cui si mosse Verdi con una carica innovativa capace di audacie mai più superate. E ai cantanti fu chiesto qualcosa di inedito, essere voci non belle ma interpreti: usando il canto e il gesto, la sensibilità e l'intelligenza musicale, con la consapevolezza di non essere semplici strumenti ma uomini che cantano il dramma di altri uomini. Non diversamente, l'orchestra in più momenti diventa protagonista attivo, capace di azioni oltre che di colori e soluzioni armoniche preziose, di respiri soffocati (come nella scena del sonnambulismo di Lady Macbeth) oltre che di melodie e di (variegatissimi) accompagnamenti.

Troppo avanzato per i tempi, troppo spericolato anche per l'autore: il primo *Macbeth* fu capolavoro, ma imperfetto. La nuova produzione parigina (Théâtre Lyrique, 21 aprile 1865), completata dell'appendice ballettistica, divenne il pretesto per un ripensamento totale nel quale il compositore colmò il divario tra maturità acquisita e splendida temerarietà drammatica del progetto di vent'anni prima.

RIGOLETTO

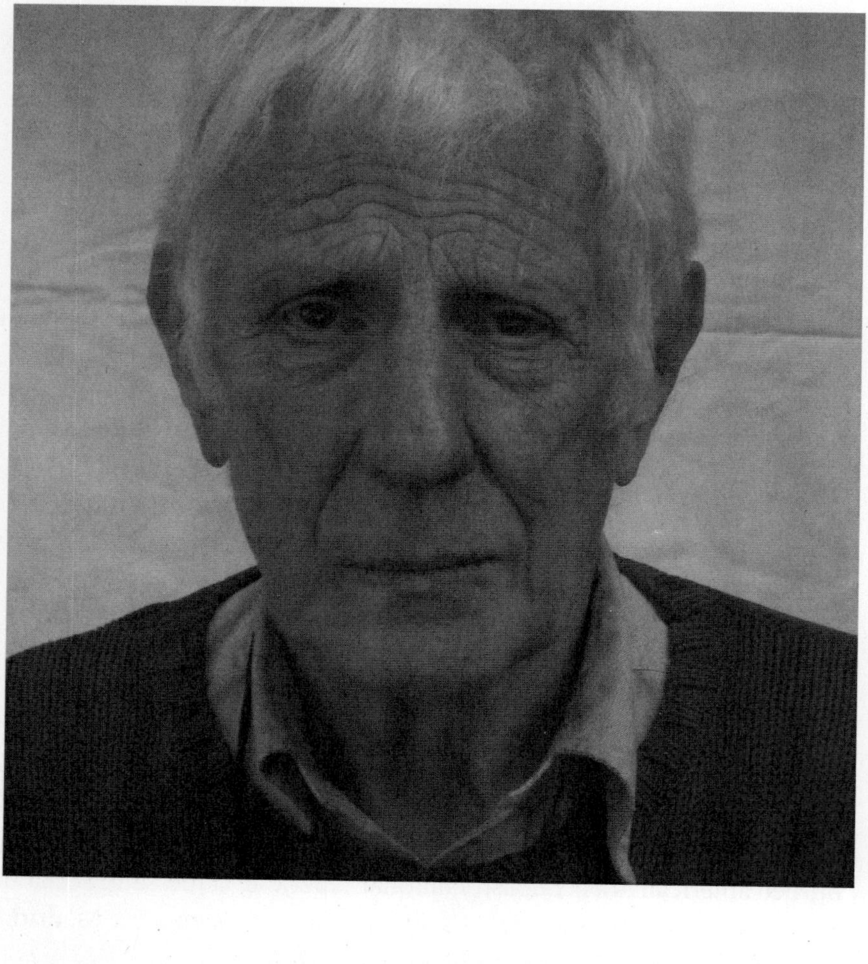

Jonathan Miller

Fino a che punto è lecito tramutare l'ambientazione di un'opera di Verdi? È una profanazione intervenire su un monumento granitico e popolare come *Rigoletto*? Come si pongono i sostenitori ferrei dell'immobilismo nelle convenzioni teatrali, nemici giurati degli «aggiornatori» delle messe in scena operistiche, di fronte al trionfo tutt'altro che effimero del *Rigoletto* reinterpretato, e radicalmente «tradito» nell'ambientazione, da Jonathan Miller? Domande da girare al celebre regista inglese che, dalla Mantova rinascimentale descritta nel libretto, ha dirottato il più fastoso dramma dell'amor paterno nella Little Italy anni Cinquanta.

Nato professionalmente come neurologo, intellettuale eclettico e scrittore vivacissimo, regista anche nel campo della prosa, artefice di regie d'opera sempre discusse, motivate e interessanti, Miller si rivelò al successo internazionale proprio grazie a quel suo «scandalosissimo» *Rigoletto* mafioso, «produzione che debuttò a Londra nell'82, all'English National Opera. Sulla scena londinese è già stata ripresa decine di volte. A New York è stata vista al Metropolitan in occasione di una tournée americana dell'English National Opera. E la messa in scena è stata rimontata spesso altrove, sia in Europa, per esempio a Madrid, che negli Stati Uniti, per esempio a Houston».

Lo spettacolo, di cui esiste anche una bella versione in video, gioca su un presupposto: se i temi forti di *Rigoletto* sono il tradimento, il disonore, la vendetta, la gelosia paterna, la verginità filiale, l'unità della famiglia nell'amore, la maledizione e l'omicidio prezzolato, è il contesto della mafia italo-americana quello che più li esalta come prototipi realistici. Così, mentre il glorioso gobbo verdiano diventa un barista losco e sciancato di un hotel di mafia a Coney Island, il Duca di Mantova si trasforma in *The Duke*, una sorta di spietato Al Capone spalleggiato dai suoi gorilla, mentre Sparafucile si traduce in un killer da strapazzo. E quando ricompare Gilda sedotta dal gangster, Rigoletto mette mano alla pistola nascosta sotto il bancone del bar.

«Il rinnovamento, certo, è stato drastico», spiega Jonathan Miller. «D'altra parte io non faccio come il regista americano Peter Sellars, che si limita a trasferire i libretti all'altro ieri. Io ricreo un'ambientazione solo in base a equivalenze chiare, a vere corrispondenze caratteriali, come feci anche nella mia *Tosca* ambientata in epoca fascista. In *Rigoletto* sono partito dal fatto che c'è un Duca violento e arrogante, che ha potere di vita e morte sugli altri. Per primo è stato Billy Wilder a farmici pensare».

Che c'entra Billy Wilder?

Ricorda il film *A qualcuno piace caldo*? C'è una scena in cui il capo della polizia sta interrogando John Rought sul massacro del giorno di San Valentino. Lui si gira verso una delle sue guardie del corpo, che con faccia truce dice: «Sì, giusto, quella sera eravamo a teatro per *Rigoletto*». E nell'ultima scena si vede il gangster a Palm Beach, ospite dell'organizzazione *Amici dell'Opera Italiana*. Anche la saga del *Padrino* mi ha influenzato molto. E poi conosco i ristoranti della mafia a New York, ci ho mangiato spesso. Perciò ho deciso di restituire quel clima, quelle facce: per dare credibilità teatrale a *Rigoletto*.

Perché proprio quell'atmosfera?

Perché certe nozioni, tra gli immigrati, sono molto più forti di quanto non lo siano nelle comunità d'origine. Solo certi italiani del New Jersey, che non sono tornati a Napoli o a Palermo da almeno tre generazioni, dicono cose come: «Chi osa parlare con mia figlia sarà ucciso!». Pensi anche al verismo: opere come *Cavalleria rusticana* o *Pagliacci* sarebbero molto convincenti ambientate a Newark, nel New Jersey, in certe chiese cattoliche di mattoni rossi, nel giorno di San Gennaro. Molto meglio delle folcloristiche regie di Zeffirelli, così legato ai gusti turistici americani. D'altra parte, tornando a *Rigoletto*, cosa poteva sapere Verdi della corte dei Gonzaga di Mantova? Niente. Quella da cui partiva era una storia da museo delle cere, presa da *Le roi s'amuse*, di Victor Hugo, noioso pezzo di cattivo gusto vittoriano, su cui si basò Piave per il libretto. Che è ben scritto, e in bella relazione con la musica di Verdi. Ma Piave usa solo come pretesto narrativo l'insopportabile poema di Victor Hugo.

Cos'ha di tanto insopportabile?

Appartiene a uno dei periodi peggiori della letteratura europea, quel diciannovesimo secolo ossessionato da rivisitazioni del passato. Penso a Walter Scott e ai soggetti di Donizetti, chissà perché fissati con le regine d'Inghilterra. Soltanto kitsch. Rappresentazioni false della storia, romanzi borghesi fatti per uomini d'affari italiani e francesi con fantasie extraconiugali. L'unica opera di Verdi con una rappresentazione perfetta della propria epoca è stata *La Traviata*, ambientata nel periodo in cui fu scritta. È lo stesso motivo per cui *Le nozze di Figaro* è un capolavoro assoluto: Mozart scrive di qualcosa che conosce meglio di noi, che gli appartiene.

I personaggi del Rigoletto*: come li vede?*

Il Duca: un uomo afflitto da una mancanza totale di etica e sentimenti. Ho pensato molto al personaggio di Sonny nel *Padrino*, freddo, seducente, senza scrupoli, pronto a insidiare le ragazze dietro le porte. M'immagino anche un bellone alla George Clooney: ho sognato spesso di fare un grande film di *Rigoletto*, girato a New York, con Clooney nel ruolo del Duca. Poi Rigoletto: è una persona instabile, violenta e immatura. Il tipo che, se avesse avuto potere, sarebbe stato un tiranno. Tratta la figlia in modo ridicolo e infantile. Solo perché è deforme e sta in fondo alla scala sociale abbiamo pietà di lui. E Gilda, quella specie di bambina pigolante, innocente e sempre sottomessa. Tutti personaggi fortemente semplificati: prototipi letterari di un secolo, l'Ottocento, alla fine del quale non a caso è nata l'arte moderna, emersa per contraddire violentemente quegli schemi sentimentali e pseudoromantici.

Eppure, al di là di tutto quel che dice, Rigoletto *è un'opera che va oltre il tempo, una delle più popolari in assoluto.*

Perché la musica è magnifica, diretta e potente. Il temporale dell'ultimo atto è un vertice assoluto, impressionante. E poi perché la costruzione drammatica è strutturalmente geniale. Ma è arduo restituire tanta genialità se nell'ambientazione teatrale si seguono le istruzioni alla lettera. I teatri del mondo sono pieni di allestimenti spaventosi di *Rigoletto*.

Da uomo di teatro, riconosce la grande teatralità di Verdi?

Teatralmente le sue trame sono spesso assurde, a volte al limite del ridicolo. Pensi alla vicenda del *Trovatore* o, ancora peggio, a quella della *Forza del destino*. È il problema che hanno di frequente i compositori ottocenteschi, con la loro mania di ambientare opere in periodi storici che non sono i loro. In Verdi, certo, la musica è meravigliosa e drammaticamente molto ricca. Ma la qualità teatrale assai inferiore dei libretti crea, a volte, una grande distanza tra musica e palcoscenico. Certe trame mancano a tal punto di credibilità teatrale che la musica finisce per addossarsi il peso di tutta l'azione drammatica.

E se lo spunto del libretto è Shakespeare? Si è parlato spesso – anche grandi registi lo hanno fatto – della teatralità di opere come Otello *e* Falstaff.

Secondo me non c'è alcun rapporto profondo tra i testi di Shakespeare e quelli dei libretti delle opere verdiane a essi ispirate. Nel caso di *Otello*, il libretto di Verdi prende semplicemente la stessa storia, semplificandola al massimo e facendone qualcosa di diverso. Chi ha letto la tragedia di Shakespeare sa quanti livelli psicologici e sfumature in più possiede rispetto al testo dell'opera verdiana, che teatralmente costruisce prototipi. Prenda il personaggio di Jago: in Verdi è un carattere a una sola dimensione, una specie di mostro di crudeltà. In Shakespeare è altro, le sfaccettature sono vaste e interessanti. Con *Falstaff* è diverso, perché la commedia a cui è ispirata l'opera, *Le allegre comari di Windsor*, non è tra le migliori di Shakespeare, mentre l'opera verdiana è molto bella. Probabilmente lo è anche grazie alla qualità inferiore della commedia, nel senso che a un creatore giova, di solito, non attingere a un'opera d'arte molto grande. Meglio le piccole. Per questo un film su *Anna Karenina* non sarà mai un buon film. Visto che il romanzo è perfetto, ogni sovrapposizione interpretativa è destinata a fallire. Per lo stesso motivo *La Traviata*, il cui soggetto arriva da un romanzo discreto, ma che non è affatto un capolavoro, diventa invece un capolavoro trasformandosi in un'opera di Verdi.

Al centro della scena James Gower nella parte di Ceprano,
English National Opera, Londra, 1982.

L'opera

«È forse il più gran dramma dei tempi moderni, creazione degna di Shakespeare»: Verdi amò subito *Le roi s'amuse* di Victor Hugo (1832). E non sbagliando mai un giudizio teatrale, interpretò bene il dramma di Hugo (autore già affrontato con *Ernani*) da cui decise di cavare la nuova opera destinata al Teatro La Fenice (il trionfale debutto fu l'11 marzo 1851). A chi dubitava delle qualità melodrammatiche e «morali» del soggetto, la cui lavorazione si intrecciò con *Stiffelio* e *Trovatore*, rispose: «un gobbo che canta, perché no?... Trovo bellissimo rappresentare questo personaggio esternamente deforme e ridicolo, e internamente appassionato e pieno d'amore». In *Rigoletto* Verdi condensò idee lungamente vagheggiate che aveva destinate a *Lear*, mai compiuto progetto da Shakespeare (anche lì il protagonista è un padre, figura e tematica ineludibili) e le tutelò a oltranza: «Dico francamente che le mie note belle o brutte che siano non le scrivo a caso, procuro sempre di darle un carattere», scrisse il 14 dicembre 1850 al presidente della Fenice.

Il gobbo-buffone-padre che ritrova a caro prezzo le lacrime, sollievo e «retaggio» di ogni esser umano, è un passo decisivo di Verdi al cuore dell'uomo. E così la cupa vicenda e lo struggente epicedio conclusivo in cui il padre della *Vendetta, tremenda vendetta* si consegna al sapore dolce-amaro del pianto, non potevano che toccare nel profondo il compositore e uomo di teatro. Dandogli la forza per resistere agli attacchi della censura che ostacolò in tutti i modi la rappresentazione. Alla fine fu raggiunto un compromesso: si modificarono «luogo e epoca dell'azione», conservando «le tinte e i caratteri originali». L'autore così riuscì a mantenere inalterati buona parte dei dialoghi e due particolari scenici (la gobba del protagonista e il sacco entro cui Gilda morente doveva essere chiusa) che riteneva essenziali allo svolgimento del dramma.

In compenso dalla corte di Francia si approdò a Mantova; Francesco I divenne il Duca di Mantova; Tribolet divenne Rigoletto e il titolo originale, già messo all'indice nella primitiva versione battezzata *La Maledizione*, divenne *Rigoletto*. Sinonimo di dignità umana e paternità ferite (e ferine), e d'un ruolo baritonale leggendario che la scrittura più espressiva che operistica in senso tradizionale sostenne in pagine di esemplare profondità drammatica e verità carica di emozioni. Il successo della prima veneziana, ribadito per oltre venti repliche, non conobbe limiti geografici (ad esclusione della Francia, dove per molto fu rispettato l'embargo chiesto da Hugo, ostile alla riduzione librettistica), così come non ebbe fine la resistenza di Verdi contro gli innumerevoli tentativi censori che hanno segnato – insieme alla popolarità immediata – la vicenda esecutiva di *Rigoletto*. La fama raggiunta dai singoli numeri (*Questa o quella*, *Vendetta, tremenda vendetta*, *Bella figlia dell'amor* e, soprattutto, *La donna è mobile*) non soverchia il sigillo prettamente narrativo e basato sulla dialettica tra i personaggi, che determina l'originale stile dell'opera. La musica di Verdi svela che sotto la giubba multicolore e grottesca dell'astioso e deforme buffone di corte («gobbo che canta»), ci sono profondi sentimenti segreti (e inibiti alla corte): l'amore materno/paterno e l'umanità palpitante. Dopo aver raccontato gli affetti assoluti, Verdi incontra l'uomo nella sua interezza – bassezze e affetti, contraddittorio e autentico: il palcoscenico d'opera ancora non aveva mai ritratto uno come lui. In *Rigoletto* Verdi vide un dramma moderno, preambolo realistico ai casi borghesi e «scandalosi» di *Traviata*.

IL TROVATORE

Luca Ronconi

Verdi geniale uomo di teatro? «Sì, ma sempre di riporto. Un riduttore o adattatore di materie d'altri, poste al servizio dei propri schemi drammatici, con esiti di grande efficacia teatrale». Parla Luca Ronconi, che con le opere di Verdi s'è misurato a più riprese: «Tra i suoi titoli che ho messo in scena ci sono *Ernani*, *Il Trovatore*, *Nabucco*, *Aida*, *Falstaff*, *I Vespri siciliani*... E se tra tutte devo scegliere è senza dubbio *Il Trovatore* che prediligo: l'opera più romantica, la più densa dal punto di vista poetico, la più complessa in senso drammaturgico». Regista delle grandi sfide teatrali, intrepido nei viaggi d'approfondimento dei testi, e sensibile alle ragioni originali e inaspettate dello spazio scenico, Ronconi esplora i panorami del teatro verdiano con quella spregiudicatezza e quel senso di «unicità» dell'opera («Che sia di musica o di prosa, cerco sempre di guardarla nella sua oggettività, come prodotto autonomo rispetto al *prima* e al *dopo* del percorso dell'autore») che caratterizzano ogni volta le sue imprese teatrali.

Allora, Ronconi: cosa intende esattamente definendo Verdi un riduttore? E come dà ragione della sua preferenza per Il Trovatore*?*

Prima risposta: opere come *Ernani*, *Luisa Miller*, *I Masnadieri*, *Il Trovatore*, *La Traviata*, *Rigoletto*, *Otello* e *Falstaff* organizzano e rielaborano sempre una materia teatrale non originale. In ciascuna di esse Verdi riduce a un suo preciso e personale paradigma drammaturgie diverse. Per questo sarà inevitabilmente spiccata e profonda la differenza tra l'*Otello* di Shakespeare e l'*Otello* di Verdi. È il motivo per cui non ho mai voluto fare l'*Otello* di Verdi, anche se me lo hanno proposto varie volte. Non intendo dire che gli schemi verdiani siano peggiorativi: tutt'altro. Presi di per sé sono molto funzionali. Ma tramite i suoi paradigmi di semplificazione, Verdi filtra radicalmente le drammaturgie che utilizza. Rispetto agli originali, opera sempre un drenaggio drastico. Quanto al *Trovatore*, è anch'esso tratto da un dramma preesistente, *El Trovador*, dello spagnolo Antonio García Gutiérrez. Ma se la riappropriazione verdiana del testo, riportata a opere come *Otello*, diventa quasi un travisamento, nel caso del *Trovatore* non risulta tale, perché l'originale drammaturgico ha una struttura molto meno rigida. È insomma un testo aperto, che si presta al «tradimento» e che ha implicazioni modernissime, come cercai di dimostrare nello spettacolo nato a Firenze nel dicembre del '77, con la direzione di Riccardo Muti. La regia mirava a restituire il bellissimo modello lineare e fondamentalmente romantico della vicenda.

Lineare? Si dice spesso che la storia sia confusa, intricata e prolissa.

È un pregiudizio che pesa sul *Trovatore* e su cui non sono d'accordo. Partiamo dal centro dell'opera. Verdi aveva addirittura pensato di intitolarla *La Zingara*, vedendo in Azucena il perno della trama. Personaggio grandiosamente verdiano, Azucena è una specie di Rigoletta. È una trasformazione del cliché verdiano del padre, ma trasformato al femminile. La centralità che l'autore le attribuisce è di derivazione, nel senso che è in rapporto diretto con uno schema preesistente. È infatti paragonabile al Germont della *Traviata*, a Rigoletto, al padre di *Luisa Miller*, insomma a tutte le figure paterne determinanti che campeggiano nelle opere di Verdi. Ma quel che differenzia *Il Trovatore* è il nucleo che si contrappone ad Azucena, incarnato dal terzetto Leonora-Manrico-Conte di Luna: un nucleo tanto più ricco del solito. Prendiamo *Rigoletto*: al protagonista si oppone il binomio Gilda-Duca. Qui invece Azucena fronteggia una donna, Leonora, che non riesce a distinguere fra due figure simili e opposte, Manrico e il Conte di Luna. La prospettiva dello scambio d'identità tra due fratelli è tipica di un teatro di spiriti romantici.

Un altro esempio che può fungere da contrasto è quello di *Aida*:

Amonasro ha a che fare con la coppia Aida-Radames ma, a differenza di Leonora, Aida non ha la minima titubanza fra i due personaggi. Da un punto di vista drammaturgico, quest'esitazione è straordinariamente interessante. Secondo me il passaggio più profondamente poetico del *Trovatore* è nel secondo quadro del primo atto, quando Leonora scambia, nella notte, il Conte di Luna per Manrico. Nel mio spettacolo di Firenze i due uomini erano vestiti allo stesso modo fin dall'inizio: il loro essere fratelli era denunciato subito, in un sovrapporsi di identità. E il Conte di Luna non era affatto presentato in veste di «cattivo», come accade spesso.

La violenza della trama del Trovatore *ne ha condizionato di frequente le messe in scena. I roghi, l'efferatezza, le storie di sangue e di vendetta, i vari morti avvelenati, bruciati e decapitati che l'opera contiene, hanno finito per dare spunto a una serie di spettacoli truci o grotteschi.*

È esattamente quello che a Firenze abbiamo fatto di tutto per evitare. D'accordo con Muti, ho privilegiato l'elemento notturno e misterioso dell'opera, eliminando aspetti pittoreschi e violenti. Affrontare *Il Trovatore* significa prendere partito tra luce e tenebre, giorno e notte. Se il personaggio di Azucena è il più evidente, quello di Leonora è il più misterioso e ombratile. C'è luce nei quadri in cui appare Azucena (tranne l'ultimo, naturalmente, dove Azucena è in carcere), illuminati da un sole che sorge dai fuochi della guerra, mentre sono notturni i quadri in cui domina Leonora. Per questo si può vedere *Il Trovatore* come un'opera di bagliori, e senza dubbio spesso musicalmente lo è; oppure ci si può concentrare sul suo aspetto poetico e notturno. Con Muti eravamo in sintonia su tale punto, e in questa stessa prospettiva va letta la sua determinazione nel togliere sempre il Do dalla cabaletta *Di quella pira* e nel fare una complessiva opera di «ripulitura» rispetto alle varie sovrapposizioni esecutive, restituendo l'opera alla sua natura più intima.

Si può vedere quindi Il Trovatore *come un viaggio dalla luce alle tenebre?*

Un viaggio dialettico, che va progressivamente a favore delle tenebre. Per questo, nel mio spettacolo, scelsi di privilegiare l'aspetto notturno rispetto al clangore del coro degli zingari o del coro dei soldati. Le parti più poetiche del *Trovatore*, secondo me, sono quelle legate alla notte: *Tacea la notte placida*, *Dalle tenebre tratta in errore io fui*, *Il balen del suo sorriso*, *Sei tu dal ciel disceso*, *Ah, sì, ben mio coll'essere*, *Ai nostri monti*.

Il suo spettacolo di Firenze restituiva questo viaggio?

In scena c'erano tre strutture, come tre boccascena, avendo il numero tre nel *Trovatore* un significato particolare, grazie a quel terzetto di personaggi che ne costituisce il perno. Su queste strutture non apparivano le cose, ma le ombre delle cose. I cipressi del giardino erano, in realtà, proiezioni di cipressi, così com'erano proiezioni di croci le croci del convento, nel segno di un'evocazione continua del tema del doppio. Non si vedevano gli oggetti, bensì le loro apparenze, proiettate su schermi leggeri. Il resto era fiamme e fuoco, in ogni quadro. E ogni fuoco che ardeva in scena era vero. Lo era il falò davanti al quale stavano gli armigeri di Ferrando, rappresentato come un incubo notturno in una camerata. Lo era la fiammella che Leonora teneva sul cuore nel secondo atto, e che in tutta la sua scena di quell'atto palpitava nell'ombra. Il sole era una palla di fuoco che sorgeva nell'atto degli zingari, e c'erano candele nel convento, e fuochi nell'accampamento, e di nuovo una distesa immensa di candele per il matrimonio di Manrico e di Leonora. Baluginavano fuochi nella scena dell'esterno del convento e una piccola luce, proprio un filo, illuminava Azucena rinchiusa in carcere.

Che ambientazione aveva la messa in scena?

Non realistica: nulla di aragonese o meridionale o altro. D'altra parte nel *Trovatore* non c'è nulla, musicalmente, che giustifichi un ambiente spagnolo, come avviene in *Don Carlo*, che ho fatto alla Scala con Abbado, il quale reintrodusse dei cori che di solito non vengono eseguiti, come *Que de fleurs*, la cui musica è davvero tipicamente spagnola. Nel *Trovatore* invece manca un colore locale.

La Spagna è quindi un pretesto?

Secondo me sì. Gli zingari sono una specie di travisamento pittoresco di gente che si batte per la libertà. Semmai nel *Trovatore* vedo una dialettica fra un mondo libero, che è quello degli zingari, dove le passioni possono esplodere – la dimensione di Azucena – e un mondo non libero, che è quello di Leonora.

Può chiarire la sua prospettiva del personaggio di Leonora? Come la descriverebbe?

Non certo come un'invasata che scappa da un uomo all'altro, com'è stata ritratta a volte. Una frase come *Gioia provai che agli angeli solo è provar concesso* è un anelito verso un tipo di amore distante da ogni rapporto fisico. Il che induce a immaginare una Leonora combattuta fra due amori, e a sentire questo conflitto come il perno della vicenda. Nel *Trovatore* il momento che mi emoziona di più è l'inizio del quarto atto, quando si odono la campana dei morti e il *Miserere* per i condannati, seguiti dal duetto fra Leonora e Manrico. Lui le fa giungere il suo ultimo addio e lei è decisa: mai si vide in terra amore più forte del suo. Per salvare Manrico sacrificherà la propria vita. Drammaturgicamente è un passaggio intensissimo, che sa mostrarci Leonora come una donna il cui promettersi non è soltanto un mezzo per dare la salvezza a Manrico, ma è anche la risposta a un impulso reale. In realtà Leonora potrebbe avere un rapporto angelico con Manrico e umano con il suo rivale. Tale conflitto, secondo me, è il vero cuore dell'opera.

Di solito invece è la vendetta a esserne considerata il fulcro.

Ma la vendetta è un elemento esclusivamente narrativo, non rappresentato nell'opera e appartenente solo all'antefatto! Se ci si ostina a cercare di chiarire quest'antefatto, se si tenta di capire e di far vedere quello che è successo prima, la storia diventa incomprensibile e ci si distrae da ciò che succede in quel momento e in quei personaggi. Il passaggio continuo di Leonora da Manrico al Conte di Luna e viceversa ha una dinamica teatrale più forte della vendetta della zingara. Insomma, riassumendo: la figura centrale dell'antefatto è Azucena, mentre la figura centrale del plot è indiscutibilmente Leonora. Tutto ciò che accade, avviene in seguito agli ondeggiamenti tra Leonora e Manrico, assunti come prototipo del desiderio romantico. Poi c'è una vicenda, come dire, storico-politica, concentrata nel rapporto fra gli zingari e Ferrando. Ma è solo una storia parallela.

Che pensa del drammone popolare di Gutiérrez che ha ispirato Verdi?

Ha una matrice romantica molto forte. Leggendolo ho pensato spesso cosa sarebbe potuta diventare quella materia in mano a un drammaturgo o a un narratore tedesco dell'Ottocento. È modernissima la storia di quella donna in bilico fra due proposte d'amore, uno legato al contatto fisico e l'altro no. Kleist avrebbe potuto farne una novella magnifica. È un nucleo drammaturgicamente molto più vicino a noi di quanto non lo sia una storia truculenta di vendette, dove le incongruenze, che in realtà appartengono al personaggio allucinato di Azucena, la quale agisce in pieno stato confusionale, vengono di solito attribuite al libretto.

Pensa che Leonora abbia delle parenti, teatralmente parlando, tra le eroine di altre opere verdiane?

Per quest'anelito commovente a un amore ultraterreno trovo Leonora un personaggio unico, con una vibrazione diversa da tutte. Le altre eroine verdiane, Violetta della *Traviata* compresa, diciamo la verità, guardano molto al sodo. Anche l'Amelia del *Ballo in maschera*, pur divisa tra due uomini, è sì un caso di coscienza morale, ma molto lucido e consapevole.

E per quanto riguarda Manrico, con quel suo aspetto mitico di eroe proiettato nell'arte?

Anche se musicalmente e drammaturgicamente Wagner non c'entra affatto, Manrico mi ricorda certe figure wagneriane. Mi fa pensare ai *Tannhäuser*, ai *Lohengrin*, ai *Parsifal.* Ma attenzione, parlo solo di caratteristiche dei personaggi: dal punto di vista musicologico tracciare analogie sarebbe uno sproposito. Allo stesso modo non assocerei il Conte di Luna ai vari baritoni cattivi del melodramma, per esempio a quelli di Donizetti. Nel passaggio intensissimo di *Ah!, l'amor, l'amore ond'ardo*, che è il culmine dell'aria *Il balen del suo sorriso*, il Conte di Luna, molto più che a un cattivo, tipo il fratello di *Lucia di Lammermor*, è imparentabile ad Amfortas del *Parsifal*, anch'egli profondamente ferito. E le parole con cui canta la sua pena sono molto simili a quelle del Conte di Luna, il quale è un ferito d'amore, non un personaggio negativo. Ed è molto naturale che voglia strappare Leonora da un convento, visto che il convento, per Leonora, è l'alternativa, lo specchio, il surrogato di Manrico: perché incarna lo stesso tipo di amore immacolato che lei nutre per lui. Allo stesso modo Manrico rappresenta, per Azucena, una sorta di surrogato del figlio ucciso.

*All'inizio di questa conversazione, lei ha parlato dell'*Otello *di Verdi come di un travisamento del soggetto originale. Può chiarire meglio?*

L'*Otello* di Verdi è un'opera meravigliosa, ma secondo me soffre all'origine di una specie di chiasmo – spero che mi si passi la figura retorica. Non potrei mai metterla in scena perché non saprei come sistemare la figura di Desdemona. Nel testo di Shakespeare c'è, infatti, un elemento di convenzione elisabettiana così forte da giustificare l'intero sviluppo dell'azione. La questione è la seguente: Otello, che non a caso è un nero, scelta emblematica all'interno di quella cultura, non vede ciò che tutto il pubblico vede, ossia che Desdemona è un ragazzino vestito da donna. Altrimenti perché ci sarebbe, nell'*Otello* shakespeariano, una scena in taverna in cui Desdemona capisce alla perfezione i significati dei lazzi scurrili maschili? Sarebbe mai possibile nell'*Otello* di Verdi? In realtà Desdemona, nell'opera, è estremamente umanizzata, e Jago è un personaggio solamente diabolico o satanico, mentre lo Jago di Shakespeare non lo è affatto. È, anzi, estremamente concreto, nel senso che vede le cose come stanno, ossia che l'apparenza ingannevole di Desdemona nell'*Otello* di Shakespeare non è diversa dall'apparenza ingannevole di Rosalinda o di Viola nella *Dodicesima notte*, o di Porzia nel *Mercante di Venezia*. Fa parte di una convenzione dell'epoca. Da lì nascono la ricchezza e l'emozione del testo. Invece la storia di Otello e Desdemona, nell'*Otello* di Verdi, è proprio, incontestabilmente, una storia coniugale tra marito e moglie, dove quest'ultima, venerata e onesta, viene calunniata ingiustamente.

Gilda Cruz Romo e Matteo Manuguerra nel *Trovatore*,
Maggio Musicale Fiorentino, Firenze, Stagione lirica 1977-78.

L'opera

Già il titolo evocatore di fantasie notturne e richiamo d'atmosfera, è un capolavoro: *Il Trovatore*. E il «dramma in quattro parti» è perfettamente definito nel profilo formale e poetico: compendia il melodramma dell'800, garantendosi una collocazione insostituibile nell'immaginario operistico per la vocalità spiegata e l'immediatezza drammatica con cui il pubblico si appropria della torva (e non facilmente narrabile) vicenda. Quest'attrazione istintiva rischia di mettere a repentaglio l'intima comprensione dell'opera che distribuisce linearità e simmetria, stupenda concisione di architetture e di forme musicali ma anche sottigliezze e ambiguità.

Il Trovatore può essere considerata l'opera perfetta del suo autore, e del XIX secolo, pur essendone (in apparenza) la più conservatrice. La vertigine musicale brucia le convenzioni mostrandole allo stato puro, dotandole di ragion d'essere drammatica e imponendo una dimensione narrativa inedita. Il codice teatrale e musicale usato da Verdi per il *Trovatore* non è nuovo, ma sospinge la vicenda verso una dimensione mitica, quasi rituale. Di archetipo. I motori drammatico-musicali desunti dalla tradizione servono a narrare e definire le situazioni mentre le fanno apparire come straniate, assolute. Più simboli che personaggi. Archetipi teatrali sono la trama e il suo svolgimento. *Il Trovatore* pare una tragedia classica per compostezza e inesorabilità degli accadimenti privi di distrazione paesaggistica (l'ambiente spagnolo) a parte i suoni metallici che contrappuntano il coro d'avvio del II atto. Archetipo narrativo è il libretto, che impone un respiro simmetrico alle quattro parti del dramma. Archetipiche sono la distribuzione dei ruoli e le tipologie vocali: il tenore più tenore, il soprano più soprano, il «cattivo» più cattivo (baritono), il mezzosoprano più sinistro ma toccante e materno (zingara, cioè *diversa*, ma come Rigoletto con un cuore immenso), il basso più sentenzioso, il coro usato come il coro d'un tempo, testimone all'azione. Archetipi le tensioni operistiche e sentimentali: due fratelli che non si riconoscono e sono avversari politici e affettivi, la donna contesa, una madre (anzi una figlia che deve vendicare la madre, e intanto si attacca morbosamente al figlio non suo) capace di gesti e affetti estremi.

Trovatore ha due protagonisti: Azucena e la notte, cioè la «tinta» cupa e presaga che miscela in vocabolo musicale elementare e tragicamente icastico la lunga notte del libretto da cui emergono come bagliori gli odi intrecciati, fatalmente, tra i quattro attori del dramma. La protettiva maternità della notte e la rapace filialità della vendetta di Azucena («carattere strano e nuovo», dice Verdi) fa impallidire gli altri sentimenti: il suono del *Mi vendica!* ci insegue, nefasto, ossessivo, per tutta l'opera. Infine in *Trovatore* divampa il fuoco: quando Azucena entra in scena ripigliando il racconto del tragico rogo, là dove Ferrando l'aveva smesso – spesso i personaggi si raccontano l'un l'altro come in una gigantesca ballata popolare – la prima immagine verbale e semanticamente musicale è la vampa che «stride». E *stride* è insieme verbo, fonema e suono musicale inquietante che incide la superficie musicale di *Trovatore* lasciando un segno epico e drammatico indimenticabile.

La composizione della nuova opera fu avviata nella primavera del 1851 (Verdi era a Venezia, per *Rigoletto*); il completamento fu intrecciato agli abbozzi di *Traviata*. La prima esecuzione ebbe luogo al Teatro Apollo di Roma, il 19 gennaio 1853. Fu un successo, ma l'autore l'accolse con apparente distacco: quasi quella musica fosse già stata ideologicamente e stilisticamente scavalcata dalla nuova opera che gli cresceva dentro.

LA TRAVIATA

Liliana Cavani

«È lui, Verdi, il nostro grande narratore dell'Ottocento, un secolo in cui, Manzoni a parte, la letteratura italiana non ha avuto autori particolarmente rilevanti. E ancora: se si pensa all'Ottocento italiano, vengono in mente Garibaldi e Mazzini. E Verdi? Così europeo, così internazionale. Andrebbe insegnato nelle scuole. Sa raccontarci mondi riconoscibili, che ci appartengono, senza ispirarsi romanticamente a saghe nordiche, come fece Wagner, ma attingendo ovunque a soggetti di ogni tipo, rivolgendosi ora a Shakespeare ora a Hugo, ora a Dumas ora ad autori spagnoli, eppure restando sempre italianissimo. È una prerogativa della narrativa autentica quella di riuscire a esprimere passioni universali alimentandosi di un patrimonio umano collettivo di sentimenti ed emozioni. Verdi è come Shakespeare, che resta il più inglese degli scrittori, pur guardando molto al di là dei suoi confini per narrare storie del mondo».

Nel segno di Verdi s'infiamma Liliana Cavani, regista, nell'89, di una fortunatissima *Traviata* diretta da Riccardo Muti alla Scala, a più riprese rimontata dal teatro milanese. E insistendo, nonostante i suoi ripetuti successi in veste di regista d'opera (a Firenze per il Maggio, a Milano, a Parigi, a Zurigo, al Ravenna Festival, ancora con Muti, per *Pagliacci* e *Cavalleria rusticana*), nel definirsi una regista di cinema «prestata» quasi per caso alla lirica, la Cavani segnala «il senso drammaturgico straordinario di Verdi, dove la drammaturgia, musicale ancor prima che teatrale, è diffusamente raccontata *dentro* le note. Per questo il lavoro d'interpretazione su Verdi consiste soprattutto in un lavoro di chiarimento e svelamento di una prospettiva già implicitamente esistente nell'opera, senza sovrapposizioni inutili o, peggio, trasposizioni demenziali».

Atteggiamento che si riflette nella sua Traviata*: spettacolo essenziale e teatralissimo.*

Essenziale perché fedele al testo. Immagino Verdi per questo lavoro talmente presente al proprio tempo che non mi verrebbe mai in mente di fare, che so, una *Traviata* in metropolitana. La considererei una forma di stupidità. È un discorso che vale soprattutto per le opere che traggono ispirazione dalla cronaca del tempo, le quali, tra molte altre cose, hanno il pregio di introdurci alla conoscenza dello spirito di un certo momento storico. Inoltre Violetta è talmente figlia del suo secolo che è impensabile raccontarla fuori dalla propria epoca. Oggi la situazione di una donna «traviata» è così diversa da allora, che far indossare a Violetta panni odierni significherebbe mettere in scena un altro personaggio. Violetta vive al centro dello sviluppo della grande borghesia del denaro e Verdi è un grande raccontatore dell'emergente classe borghese, proprio come Balzac, la cui lettura mi servì moltissimo per mettere in scena *La Traviata*: le atmosfere sono le stesse. Verdi, che era un uomo del proprio tempo e che conosceva bene Parigi, ha potuto capire a fondo la realtà balzachiana.

Nella regia mi sono fatta quindi guidare dall'opera, ovviamente ripulendo e chiarendo quell'epoca: a metà Ottocento, secolo di ridondanza, le case, dominate dall'horror vacui, traboccavano di oggetti. La nuova classe, priva dei castelli degli aristocratici, sovraccaricava di arredamento i suoi grandi appartamenti. Il che, oggi, risulterebbe disturbante. Per questo ho essenzializzato gli ambienti. Nel rifugio d'amore di Violetta ho messo soltanto un letto e un biliardo, perché lì non conta l'apparenza ma l'essenzialità, che in questo caso è l'amore di Violetta per Alfredo. La casa di Flora, invece, è fastosa, perché vi deve prevalere l'apparenza della vita della grande mantenuta. L'essenzialità vale anche per l'ultima scena. Ho visto versioni della *Traviata* dove la protagonista cammina su e giù per poi morire in un minuto. Io invece ho preferito non farla muovere affatto, forse perché lavoro nel cinema, dov'è fondamentale la fissità del primo piano. Io credo, anzi, al primo piano anche in teatro: se si vuole essere intensi è meglio non muoversi troppo sulla scena. Si può benissimo star fermi quando la drammaturgia lo richiede.

Ha sempre amato l'opera?

Macché. Ricordo che la prima che vidi a Carpi, da bambina, fu proprio *La Traviata*, con una Lina Pagliughi molto grassa e un tenorino magrissimo che le sprofondava dentro i seni. Trovai il tutto un caravanserraglio noiosissimo. Poi mia madre iniziò a portarmi al cinema, a cui mi appassionai tanto. Ho scoperto la bellezza di certe opere liriche molto più tardi, in questi anni, quando ho cominciato a fare regie d'opera. E trovo un gran peccato che oggi i ragazzi non vengano introdotti da docenti giusti e preparati ai capolavori del teatro verdiano, così come nessuno, quand'ero piccola, aiutò me a comprenderli. I temi di Verdi, le sue storie, la bellezza della sua musica, potrebbero piacere molto ai giovani, se solo qualcuno li portasse a capire quel mondo.

Come ha lavorato per La Traviata *con Muti?*

Con lui mi sono trovata bene. Probabilmente perché abbiamo avuto sempre le stesse aspettative. Io cerco una grande chiarezza drammaturgica e personaggi molto definiti. Così come vuole lui. Spesso, collaborando con lui, andavo alle sue prime prove con i cantanti e le trovavo utilissime per il mio lavoro registico, perché già dal cantare bene, in Verdi, emerge una struttura drammaturgica molto limpida. Tanto meglio si canta Verdi, tanto più si chiarisce il personaggio, proprio perché la drammaturgia è profusa nelle note, più che nelle parole.

La sua Traviata *si distinse per il grande lavoro d'interpretazione teatrale con i cantanti. Nella lirica è possibile lavorare a fondo con gli interpreti sulla recitazione? Spesso i registi sostengono che i cantanti sono poco sensibili a tutto ciò che esula dalla vocalità.*

Non sono d'accordo. Ho trovato quasi sempre cantanti aperti e pronti all'approfondimento del ruolo. Non si tratta di fare un gesto in più o in meno, ma di entrare in un personaggio, e di far chiarezza insieme sul carattere di un ruolo. I cantanti sono i primi a trarre vantaggio da questo tipo di lavoro, e quando viene realizzato si sentono meglio, più sciolti e liberi all'interno di una visione precisa, provata e sperimentata. È un po' la stessa cosa che accade in cinema con gli attori.

Dal cinema arrivano anche lo scenografo Dante Ferretti e la costumista Gabriella Pescucci, con cui lei ha lavorato tanto nel teatro d'opera, e che firmarono scene e costumi della Traviata. *Come ha contribuito al suo approccio alla lirica la sua lunga esperienza di cineasta?*

Io, proprio perché arrivo dal cinema, non ho paura delle cose così come sono: di fare della scena un ambiente assolutamente normale, dove un tavolo è un tavolo e un salotto è un salotto. Ho lavorato sempre con libertà, senza pregiudizi né complessi d'inferiorità, come invece fanno quei registi che ogni volta, per raccontare un'opera, devono inventarsi a tutti i costi un posto che non si sa bene che cos'è. Di solito il pericolo, negli allestimenti operistici, è duplice: o si fanno scenografie troppo ridondanti, una profusione di orpelli e bardature in nome del cosiddetto stile opera, oppure si slitta in luoghi non decifrabili, in nome della cosiddetta avanguardia, che rischia di essere patetica. Io credo invece che gli ambienti, in teatro, debbano essere fortemente espressivi di quanto si sta raccontando. E se lo scenografo ha un tocco felice si riesce a operare una sintesi efficace. Con quello che mettiamo in scena in teatro, nei set del cinema saremmo solo al punto di partenza. Ma visto che i materiali che utilizziamo sono sempre molto particolari, proprio per l'esperienza che Ferretti, Pescucci e io portiamo dal cinema, i nostri spettacoli, in realtà molto spogli, a volte sembravano chissà che cosa.

Crede che le trasposizioni d'epoca non siano mai funzionali?

Lo sono solo nelle opere che fanno riferimento ai miti, che vivono depositati nella nostra psiche e dunque completamente fuori dal tempo. Perciò nel 2000, a Zurigo, ho fatto un *Orfeo e Euridice* di Gluck in una trasposizione moderna. Con temi tanto atemporali troverei noioso fare un Gluck calato nel Settecento. In Verdi invece, nella *Traviata* o in *Don*

Carlo, c'è un lavoro già fatto che cerca la sua immagine, e io non posso andargli contro. Se invece quello che si rappresenta sta in un mondo che per noi ha solo significati e non più immagini, spetterà a noi inventare le immagini.

Violetta è una grandiosa eroina femminile verdiana. Che cosa la commuove di più nel personaggio?

La sua fede in un amore così grande da non aver nemmeno più bisogno di essere vissuto o consumato. E quando vedo Violetta, alla fine dell'opera, bruciarsi d'amore come una candela, penso sempre che Verdi sappia raccontare la disposizione al sacrificio per amore con una tale intensità ed esattezza che è come se la conoscesse a fondo, anche personalmente. È una componente verdiana appassionante. Ma al di là delle ipotesi biografiche, colpisce la capacità di Verdi di esprimere questo tipo d'amore in modo universale. Creatore profondamente internazionale, Verdi, tuttavia, reca sempre con sé le caratteristiche del suo luogo d'origine. Io, che sono nata a Carpi, so quanto gli emiliani siano efficaci raccontatori di favole e leggende. Penso per esempio alla mia nonna materna. Ma in Verdi la vicenda umana dei singoli diventa patrimonio del mondo, qualcosa con cui tutti possiamo confrontarci.

Zubin Mehta

Zubin Mehta racconta la «sua» *Traviata*. Direttore d'orchestra affascinante – per vigore ritmico, vitalità espressiva, senso del colore – e musicista di massimo successo internazionale, Mehta è nato in India (nel '36), si è formato a Vienna, vive a Los Angeles e ha incarichi prestigiosi nel mondo. Tra l'altro è direttore principale «a vita» della Israel Philharmonic e ha guidato per qualche anno i destini musicali di un teatro lirico di grandi tradizioni come l'Opera di Monaco di Baviera. Ma non per questo ha mai voluto lasciare la «sua» Firenze e il «suo» Maggio Musicale Fiorentino, dove dirige fin dagli anni Settanta.

Di Verdi ama tutto (e per esempio nel gennaio 2001, nel suo teatro di Monaco, decise di dedicargli un serratissimo festival, presentando in soli dodici giorni *Don Carlo*, *Falstaff*, *Otello* e *Aida*). Ma è *La Traviata* l'opera verdiana che gli sta più a cuore. E la passione, nel tempo, si è rinnovata ad ogni incontro, per una *Traviata* «di» Zubin Mehta sempre più bella e flessibile, capace tanto d'impeti e tumulti quanto di zone vaporose e vibranti di poesia. Nel 2000 il direttore d'orchestra indiano fu capace di passare da una *Traviata* in chiave intimista presentata al Maggio Musicale Fiorentino, in aprile, con la regia di Cristina Comencini, a un'elefantiaca *Traviata* televisiva, tanto sfarzosa e ambiziosa negli obiettivi quanto promossa e sbandierata dai media, girata a Parigi, con la regia di Giuseppe Patroni Griffi, e trasmessa in diretta su Rai Uno nel mese di giugno.

Queste differenze di registro non lo hanno mai turbato. Zubin Mehta ha attraversato ogni versione della *Traviata* con il medesimo senso di malìa: «Perché strutturalmente è tra le opere più compatte di Verdi. Non ha un momento musicale debole. E perché ha il fascino di una storia di tutti i giorni. Qui non ci sono Shakespeare, né soggetti storici. Neanche i connotati eroici del *Trovatore*, o il segno tragico del *Rigoletto*. È una vicenda moderna e borghese, che ci appartiene».

Parliamo dei personaggi: Violetta, il ruolo del titolo.

Magnifica. Realmente esistita, si chiamava Marie Alphonsine Duplessis. Morì a ventitré anni. Raffinata e colta, era una lettrice vorace di Voltaire. Ebbe un *affair* con Dumas, l'autore de *La Dame aux camélias*, a cui si ispira *La Traviata*. Verdi ama Violetta, e ce la descrive musicalmente pura come un fiore. È a lei che regala i momenti migliori. Come *Amami Alfredo*, il suo addio all'amore. Quando dirigo questo passaggio la commozione è irresistibile, ogni volta è come se mi spaccasse il cuore. C'è una sincerità, una devozione al sentimento... È il punto emozionalmente e musicalmente più alto dell'opera. E poi Violetta è sempre una signora! Pensi alla scena con Germont. Lui le impone: lascia mio figlio. Quell'Alfredo che lei ama tanto. L'impulso di Violetta sarebbe di cacciare via Germont. E invece ascolta, soffre, accetta e si dispone al sacrificio. E mentre Verdi la fa morire, si sente, nella musica, che si è tuffato in quella morte scrivendo. Lo scuote, lo emoziona. Verdi piange per Violetta. Immagino le tracce delle sue lacrime sulla partitura.

E Alfredo?

Verdi scrive per lui *De' miei bollenti spiriti*, un'aria eroica, dove si percepisce l'influsso del *Trovatore*. È un ruolo vocalmente molto bello, ma Verdi non dà mai ad Alfredo le arie stupende che regala a Violetta, come *È strano!* e *Addio del passato*. E anche *Prendi, quest'è l'immagine*, così affascinante, così «parlante», tra l'aria e il recitativo.

Poi c'è Germont, il crudele Germont.

Non è crudele. Non è uno Jago, non vuole uccidere nessuno. È un padre come tanti, che pensa al benessere della famiglia. È un signore con una figlia da far sposare, vuole che trovi un buon marito e non gli è gradito che il figlio stia con una donna della reputazione di Violetta.

Quanti padri, anche oggi, penserebbero nello stesso modo? D'altra parte Verdi scrive per Germont una cabaletta borghese, quasi senza gusto. Il che dimostra che non gli piace troppo il personaggio. Però basta ascoltare l'aria *Di Provenza il mar, il suol*, per capire che Verdi non vedeva Germont come un cattivo, ma come un padre qualsiasi, che dice al figlio: pensa a me, al tuo vecchio genitore.

Esiste un punto di riferimento nell'interpretazione verdiana?

Senz'altro Toscanini. Il suo Verdi l'ho ascoltato tanto, soprattutto da giovane, quando studiavo a Vienna: il mio Maestro, Swarowsky, lo ammirava moltissimo. Ci sono nastri straordinari, con l'orchestra della Nbc, del suo *Falstaff*, della sua *Aida*, del suo *Ballo in maschera*... Ogni musica ha un accento, come le lingue o le inflessioni dialettali. C'è l'accento del romano, quello del fiorentino... Così Verdi ha un suo accento, e Toscanini lo restituiva in modo perfetto. Possedeva il linguaggio verdiano con naturalezza assoluta. Tanto che in quelle incisioni americane l'orchestra pare italiana.

Crede che le orchestre italiane «sentano» di più la musica di Verdi?

È proprio così. Quella di Verdi è una musica completamente «logica» per gli italiani. Con la mia orchestra di Firenze, durante il Maggio del 2000, suonammo undici recite della *Traviata*, e mai che l'orchestra si annoiasse, ogni volta si percepiva lo stesso coinvolgimento. C'è quell'*Um Pa Pa* verdiano che gli americani o gli inglesi prendono sempre un po' alla leggera. Gli italiani no, loro ne vengono toccati dentro. Pensi alla scena in cui Violetta annuncia la propria morte. Legge la lettera di Germont e dice: *È tardi*. Ovvero: io già non sono più qui. Arriva Alfredo, ed è l'ultima stretta. Parte la musica «da funerale» (Mehta l'accenna cantando). Lo stesso ritmo di morte che troviamo nel *Trovatore*, in *Otello*... Così intimamente italiano, presente nei funerali dei paesi. Alle orchestre italiane non bisogna mai spiegarlo.

C'è un'interprete ideale della Traviata?

È un ruolo terribilmente complesso, perché sembra scritto non per una, ma per tre cantanti. Nel primo atto per un soprano di coloratura, nel secondo per un soprano lirico, nel terzo per un soprano drammatico. È difficilissimo trovare un'interprete che abbia tutte queste qualità. Ma oggi ci sono cantanti che possono farlo.

E in passato?

Ho ascoltato Maria Callas. Non era *Traviata*: Maria non era debole, mai. In Callas non c'è fragilità. Lei era po' come Marlon Brando. Non ho mai visto la Tebaldi come *Traviata*, ma la immagino molto più vicina al mio ideale del personaggio. Più delicata, più «distruttibile». Violetta a volte è molto fragile. Anche per questo è tanto fascinosa e femminile. Una delle donne più attraenti che sia dato d'incontrare.

La Traviata al Teatro alla Scala, Milano, stagione 1991-92.

L'opera

Nel titolo, il primo indizio di leggenda. Non Violetta (già nome dal suono evocativo: meglio del Marguerite originale), non *Signora dalle Camelie* ovvero *Dame aux camélias* (il romanzo-biografico e la pièce teatrale di Alexander Dumas figlio che Giuseppina Strepponi e Giuseppe Verdi probabilmente videro a Parigi nel 1852), ma *Traviata*: ciò che Violetta fu agli occhi della società. In realtà l'opera non racconta proprio questo. La musica dei tre atti battezzati il 6 marzo 1853 alla Fenice di Venezia (uno dei più solenni fiaschi della storia dell'opera: ma le ragioni furono esecutive più che artistiche, infatti l'autore non se la prese più di tanto) narra un'altra storia: quella di un'affascinante mantenuta che incontra il «serio amore» e vi sacrifica la vita brillante e mondana di «traviata»; di un padre (di lui) reso crudele dai princìpi borghesi che non esita a chiedere (e ottenere, per merito del sublime eroismo di Violetta) la rinuncia al grande amore; di una donna giovane ma senza passato né futuro che brucia in poche settimane vita e sentimenti.

Lo spartito di *Traviata* e il soggetto che propone una vicenda quasi di cronaca (molti personaggi della *Dame aux camélias*, al secolo Marie Duplessis, erano in vita mentre gli autori li portavano in scena) tratteggiano un vertiginoso crescendo di emozioni che l'inedita parte vocale di Violetta (virtuosa, drammatica e lirica, a seconda degli atti: tre voci in una) ricreò con originale forza espressiva e teatrale. Non meno originale, del resto, è il profilo di Violetta-donna: tormentata più che traviata, uccisa dal perbenismo prima che dalla tisi, bruciata dalla propria generosità e dalla capacità di troppo amare (e disinteressatamente) scoperta tardi. Un personaggio nuovo: intriso di realismo al di là dei costumi ottocenteschi richiesti dal libretto, e «vero» come solo una donna capace di vivere, abbastanza «folle» per amare e coraggiosa da morire per amore, può esserlo.

Prima opera di sentimenti credibili, non di metafore sentimentali melodrammaticamente confezionate in recitativi e arie (anche se quelle poche sono popolari), *Traviata* mette in musica un dramma autentico, privo di filtri letterari o formali. Il realismo (secondo alcuni, addirittura, il verismo) giunge sul palcoscenico operistico, e la tragedia che si compie in ambienti borghesi (il salotto di casa, la villa in periferia, la stanza da letto) si rinnova in pagine musicali poco tradizionali e in cui il declamato-recitato prende talvolta il sopravvento sul canto, come nel drammatico dialogo-confronto Violetta-Giorgio Germont del secondo atto, nella lettura della lettera del terzo o nel parlato conclusivo.

Verdi affronta con *Traviata* un eroismo femminile nuovo, lontano dalla tradizione romantica. Come lo restituì, in un'altra leggenda teatrale, l'interpretazione di Maria Callas, sia in palcoscenico (l'allestimento scaligero Giulini-Visconti del 1955: «la *Traviata* del secolo» secondo i quotidiani) che in altre sensazionali esecuzioni. A ricreare una tragedia modernissima destinata a rivoluzionare la strada del melodramma ottocentesco, collocando *Traviata* – terzo capitolo dopo *Rigoletto* e *Trovatore* della cosiddetta «trilogia romantica» –, fin dalle acclamate riprese veneziane del maggio 1854, nel novero di titoli universali del repertorio operistico. Il più rappresentato in assoluto.

I VESPRI SICILIANI

Gianandrea Noseda

L'intelligenza musicale e la vasta esperienza internazionale del Maestro milanese Gianandrea Noseda ne fanno uno dei migliori direttori d'orchestra della sua generazione (è del '64). Lanciato inizialmente da Valery Gergiev, con cui ha collaborato molto (a fine anni Novanta Noseda è stato il primo principale Direttore Ospite italiano nella storia del Teatro Mariinskij di San Pietroburgo), è un musicista solido e sempre interessante. Il suo gesto si descrive in modo asciutto e funzionale, e l'analisi della partitura emerge dalle sue letture come una griglia trasparente. L'italianità sapiente del suo approccio a Verdi lo ricollega alla «vecchia» scuola dei puristi del repertorio lirico italiano, ma al tempo stesso ha un segno «giovane» e aperto al futuro.

Dopo un'intensa attività in Inghilterra, come direttore principale della Bbc Philharmonic di Manchester (di cui è oggi Conductor Laureate), Noseda, nel 2007, è diventato direttore musicale del Regio di Torino. Qui, nel 2011, ha diretto *I Vespri siciliani* nell'ambito delle celebrazioni per i centocinquant'anni dell'Unità d'Italia. È un'occasione per parlare con lui di un'opera che, nella produzione complessiva di Verdi, appare tra le meno eseguite. Forse per problemi strutturali?

«Secondo me *I Vespri*, scritta dopo *La Traviata* e destinata a Parigi (dove debuttò nel 1855 in francese col titolo *Les Vêpres siciliennes*), non ha affatto problemi di per sé», risponde Noseda. «Semplicemente è un'opera di passaggio nell'arco creativo verdiano, e ha scontato tale identità. Verdi cerca uno sviluppo del proprio stile compositivo dopo il successo della trilogia popolare (*Rigoletto*, *Trovatore* e *Traviata*), e nei *Vespri* si cimenta nel grand-opéra approfittando della commissione parigina. Parallelamente cerca un rapporto nuovo tra voci e orchestra, trovando soluzioni timbriche e strumentali inedite rispetto a tutto ciò che aveva realizzato prima, fatta eccezione per il *Macbeth*, che era stata una specie di meteora precedente alla creazione della trilogia. Con *I Vespri* fa un passo avanti nella concezione della parola scenica, già molto esplorata in *Rigoletto* e soprattutto nella *Traviata* – basti pensare al duetto tra papà Germont e la protagonista nel secondo atto. Ma l'evoluzione riguarda anche lo sviluppo di una "grande forma" e il raffinamento della scrittura strumentale. Verdi, tramite *I Vespri*, inserisce questa ricerca non più in una storia intima e personale, come quella del rapporto tra Rigoletto e la figlia, o dell'amore travagliato tra Alfredo e Violetta, ma all'interno di un ampio affresco storico».

Parliamone, di quest'affresco.

Ambientata nel tredicesimo secolo, l'opera narra dell'occupazione francese in Sicilia e dei tentativi dei siciliani di scacciare gli invasori. Quando Verdi scrive *I Vespri*, negli anni tra il '53 e il '55, fa di quella vicenda un pretesto per parlare del proprio tempo e del dominio degli austriaci. Si affida a un episodio del passato per essere meno attaccabile dalla censura.

Sembra che Verdi odiasse il libretto di Scribe e Duveyrier, che riteneva offensivo sia nei confronti dei francesi, per via del sanguinoso massacro finale, sia verso gli italiani, a causa del racconto del tradimento dei patrioti siciliani. Anche lei trova discutibile il testo?

Non ho percepito alcuna pesantezza nel libretto di quest'opera, che ho diretto in italiano. Secondo me drammaturgicamente funziona. Comunque Verdi ha bisogno soprattutto di soggetti che prendano allo stomaco.

Storie un po' tronfie nella loro passionalità?

Più che tronfie o retoriche, direi dure e talvolta non rifinite. Il segno, in Verdi, è sempre più forte del modo in cui ci viene presentato.

Le trame sono meri contenitori del suo mondo, che è assolutamente personale e riconoscibile. In ogni opera che scrive, Verdi è se stesso. C'è un mare di cose che accade nella storia pluriennale del suo teatro musicale, partendo da *Oberto* e approdando a *Falstaff*, due lavori quanto mai diversi fra loro. Eppure si sente, in entrambi, la medesima personalità di fondo. Questa è la genialità di Verdi.

È vero che I Vespri *è un'opera particolarmente impervia dal punto di vista della vocalità?*

In Verdi la scrittura vocale tocca spesso alti livelli di difficoltà, e soprattutto nei *Vespri* la parte del tenore è molto ardua: il ruolo di Arrigo mette a dura prova il cantante. Più che essere un tenore del tipo eroico s'avvicina a un tenore rossiniano, andando nella stessa direzione dell'Arnoldo del *Guglielmo Tell. I Vespri* richiede infatti un tenore lirico pieno, dotato di grande elasticità, di una tessitura ampia, di un bel colore di voce, di ricchezza timbrica nel centro e di facilità nel raggiungimento dell'acuto.

Lei chi scelse, per l'allestimento torinese?

Quando, nel 2009, diressi a Manchester *La Damnation de Faust* di Berlioz, avevo come tenore Gregory Kunde. Mi resi conto che poteva corrispondere bene al ruolo di Arrigo nei *Vespri* e gli proposi d'interpretarlo a Torino. Lui, che non aveva mai cantato un'opera di Verdi, fu sorpreso dalla mia offerta. Poi guardò la parte, mi disse che la trovava giusta per la propria voce e accettò. Fu un grande successo, e da lì cominciò per Kunde una nuova carriera come tenore verdiano.

Considera I Vespri *un'opera troppo lunga? È una critica affiorata spesso nei confronti di questo titolo.*

È lunga, è vero: sono cinque atti. Ma se si eliminano dei passaggi, la trama diventa incomprensibile e l'opera si appesantisce. Io, nell'allestimento torinese, ho tolto solo i ballabili, cioè la mezz'ora di danze delle *Quattro stagioni*, che è consuetudine eseguire nella versione francese. Avendo fatto l'opera in italiano, ho deciso di eliminarla.

Possiamo provare a scandire le caratteristiche dei Vespri *da un punto di vista narrativo? Cominci dall'inizio.*

I primi due atti servono a mettere in luce le componenti della storia. Al centro spicca la questione politica, e diventa faticoso seguire la trama se non si capisce bene chi sono i personaggi, che sono presentati in quei due atti chiarificatori. Per questo motivo non vanno fatti passare in fretta.

Quali sono i momenti più belli dei Vespri, *drammaturgicamente e musicalmente?*

Tutte le chiusure d'atto sono straordinarie. Nel finale del primo, c'è il grande confronto tra padre e figlio, Arrigo e Monforte, di forza travolgente. Il padre sa che Arrigo è suo figlio, ma Arrigo non sa che Monforte è suo padre, e queste diverse consapevolezze emergono dal dialogo. L'oscillante e tormentoso rapporto padre-figlio sarà il vero nucleo di tutta l'opera. Nel secondo atto, dopo un'introduzione orchestrale cupa e lenta, irrompe Procida, che torna in segreto dall'esilio per sollevare la resistenza. Con l'aria *O tu, Palermo* rende onore alla sua terra natia. Poi entrano in campo Elena e Arrigo, che si uniscono in nome della rivoluzione. Mirabile è la grande scena ambientata nel Palazzo di Monforte, con il gruppo delle donne siciliane pronte alle nozze che vengono rapite dai soldati francesi. Altre dame sono ospiti della festa di Monforte e cantano *La Barcarola*. Intanto i siciliani a cui sono state rubate le spose intonano *Vendetta, vendetta*. Così due sentimenti contrapposti vengono combinati con una sapienza compositiva straordinaria. A partire dal terzo atto, Verdi mette carbone sul fuoco, e comincia davvero il dramma. Al monologo di Monforte, *In braccio alle dovizie*, segue il secondo duetto padre-figlio. E qui torna la melodia suonata dai violoncelli nell'Ouverture. Questa scena ha una complessità che porta già quasi a quella del *Don Carlo*, dove i numeri, sebbene ancora chiusi, si espandono. Non c'è più recitativo, romanza e cabaletta, ma tutto è inserito in un discorso ampio e fluido. È la novità più sorprendente, rispetto alle opere della trilogia popolare: le forme si dilatano, non c'è un inizio né una fine. Questo sviluppo condurrà ai grandi risultati di *Otello* e *Falstaff*, dove il flusso è continuo.

Lei, poco fa, ha citato l'Ouverture: è vero che quella dei Vespri *è una delle cose migliori scritte da Verdi?*

Sì. Ha una struttura sinfonica che raggiunge il livello delle migliori composizioni dei massimi sinfonisti europei. Verdi ha sempre una mano felice quando scrive le Ouverture, ma più avanza nel suo sviluppo di compositore e più vuol entrare con immediatezza nel dramma. Le grandi Ouverture verdiane, oltre che nei *Vespri*, si trovano in opere quali *La forza del destino*, *Nabucco* e *Luisa Miller*. Le altre introduzioni sono Preludi, che non hanno cioè uno sviluppo sinfonico vero e proprio, ma imprimono piuttosto un «colore» in cui si riflette il tema centrale dell'opera. Nel *Rigoletto*, per esempio, l'introduzione è basata sul tema della maledizione.

Altri passaggi notevoli dei Vespri*?*

Nel finale del terzo atto c'è *O patria adorata*, uno dei grandi cori verdiani. È potentissimo per concezione musicale, con un'accelerazione continua del tempo. Comincia con un moderato e poi, piano piano, il tempo si stringe. È impressionante anche l'inizio del quarto atto, di grande potenza sinfonica. Siamo nella prigione, dove sono stati rinchiusi Procida ed Elena, ed è lei a cantare quella che è forse l'unica romanza dell'opera, *Arrigo! Ah! Parli a un core*, dove esprime la sofferenza di dover pensare all'uomo che ama come a un traditore.

È un'aria di sapore quasi belliniano.

Sì, in effetti è po' belcantistica. Include, verso la fine, una cadenza che va dal Do acuto al Fa diesis grave dei contralti. Non tutti i soprani riescono a eseguire questo passaggio vertiginoso. Lo stesso Verdi scrive un «ossia», cioè indica una possibile variazione per chi non ce la fa a scendere al Fa diesis grave. Segnando tale cadenza, Verdi vuole dirci che quest'aria non va cantata nello stile del belcanto, ma con la passione e il coinvolgimento emotivo di una donna che capisce il dolore del suo innamorato. Poi, quando Elena e Procida vengono portati al patibolo, risuona il *De Profundis*. Il tema che nell'Ouverture sembrava angelico e lirico, si dimostra qui molto drammatico. Il quinto atto si apre in maniera quasi sbarazzina, con il *Bolero* di Elena, che è forse il pezzo più famoso dell'opera. Tutto diventa «bucolico»: si parla di fiori, di brezza della sera e dei profumi di Sicilia. Una leggerezza che elude la violenza del contesto storico. Tanti altri sono i momenti significativi: ne ho indicati solo alcuni.

Può caratterizzare i personaggi principali?

Procida è quello che cambia meno. Il suo obiettivo è spodestare i francesi. Anzi, no: vorrebbe annientarli. Insegue questo scopo dall'inizio alla fine, senza trasformazioni. Elena, che in principio pareva una donna in lutto per la morte del fratello, diventa una rivoltosa politicamente agguerrita. Per questo appoggia Arrigo, il più focoso dei rivoluzionari. In qualche modo se ne innamora, ma il suo interesse è anzitutto politico. È molto attaccata al potere, e in tal senso somiglia un po' alla Eboli del *Don Carlo*. Quando capisce che i siciliani stanno per avere il sopravvento, non esita a passare dalla loro parte. Arrigo è un rivoluzionario tutto d'un pezzo. È colui che, pur di non tradire la propria integrità, si farebbe ammazzare. È un monolite di marmo.

Perché, secondo lei, quest'opera non ha avuto fortuna?

Essendo un lavoro di transizione, non si sa come prenderlo. Se lo consideri come il Verdi della trilogia popolare, ti accorgi che manca il fuoco dell'immediatezza. Fronteggiandolo come fosse il *Don Carlo*, ti rendi conto che nei *Vespri* Verdi non è ancora arrivato a quel livello di raffinatezza e fusione delle varie componenti – storica, politica, psicologica. È come quando si guardano i periodi storici di passaggio. Li si fa appartenere al precedente o al successivo? Il modo giusto di affrontare quest'opera, secondo me, è farla appartenere soltanto a se stessa, e trattarla per ciò che è. Con tutte le sue vivide qualità drammatiche e musicali.

I Vespri siciliani diretto da Gianandrea Noseda al Teatro Regio, Torino, stagione 2010-11.

L'opera

La piazza e il pubblico, Verdi li conosceva bene, dai tempi di *Jérusalem* (1847, rifacimento non di facciata dei *Lombardi alla prima Crociata*). La città e la lingua pure. Frequentatore dei Boulevard e della vivace vita teatrale, Verdi sapeva benissimo che scrivere per l'Académie impériale de musique di Parigi, come compositore italiano, significava correre un rischio a fronte di una consacrazione internazionale impossibile da ottenere altrove. Così quando, in piena gestazione di *Trovatore* gli fu proposto un contratto dell'Opéra, sapendo di doversi confrontare con un genere «nazionale» indeformabile e antiquato nella struttura drammatica (ma ancora di successo) e con una storia succinta per titoli e autori ma intensa, e gelosamente difesa come patrimonio francese, accettò. Ma pretese condizioni di lavoro speciali (a parte il cachet non modesto per sé e per gli artisti) e l'assicurazione che non sarebbe mancato alla realizzazione «lo sfarzo che richiede e che le tradizioni del grand-opéra rendono indispensabile». Si mosse con particolare cautela nella scelta del soggetto, anzi fu più volte sul punto di ritirarsi dal progetto quando la redazione librettistica – affidata al migliore nome su piazza, Eugène Scribe – non gli parve indirizzata secondo le sue idee teatrali non negoziabili. Più condiscendente si mostrò nei confronti delle tradizioni esteriori (la lingua, il taglio in cinque atti, la presenza di ballabili), perché si sentiva in grado di imporre una drammaturgia che le armonizzasse col resto della partitura.

Dal librettista alla fine accettò il soggetto non nuovo. Scribe lo convinse – previa trasposizione geografica della vicenda – a servirsi dell'adattamento del libretto *Le duc d'Albe* redatto per Jacques Fromental Halévy ma utilizzato da Gaetano Donizetti (1839) per l'opera omonima rimasta incompiuta. Il celebre soggetto insurrezionale fiammingo fu spostato ai tempi dei moti di Sicilia del 1282, e consegnato alla rilettura in chiave collettivo-risorgimentale. In Italia, uno dei soggetti più amati dall'epica patriottica era il libro omonimo dello storico-patriota e palermitano Michele Amari (*Il Vespro siciliano*, 1842) basato sulla *Storia delle repubbliche italiane del Medioevo* di Jean-Charles-Léonard Sismondi (tradotta nel 1817): già nel 1822 Francesco Hayez vi si era ispirato per *Un nobile palermitano* cui faranno seguito altri dipinti di soggetto omologo. Comunque l'opera che «manca del tutto di elementi patetici, se si esclude la romanza del quarto atto» (Verdi), raggiunse con fatica la veste librettistica soddisfacente e la preparazione fu segnata da numerosi contrasti e polemiche prese di posizione dell'autore che non volle lasciare nulla al caso o all'ovvio. Il confronto col grand-opéra – inteso come dimensioni extra-large ma anche come macchina musicale e drammatica, e conseguente equipaggiamento esecutivo speciale – era una sorta di scelta autocritica: offrì a Verdi l'opportunità di verificare se le audacie e le ambizioni sperimentate (o sulle quali stava ancora lavorando) nella «trilogia popolare» potevano convivere con un'architettura teatrale così ampollosa e obsoleta. I piccoli incidenti di percorso, le ripicche diplomatiche e imprevisti forfait dei protagonisti causarono il posticipo della prima al 13 giugno 1853, ma non pesarono sul buon esito.

Più tortuoso fu il seguito. Lo sfondo storico inequivocabilmente risorgimentale non favorì la programmazione in patria: la versione italiana (di Eugenio Caimi) andò in scena alla Scala col titolo mutato di *Giovanna di Guzman* e l'azione fu spostata in Portogallo, nel Settecento, ai tempi della dominazione spagnola. Soltanto dopo l'Unità, anche *Vespri siciliani* ripresero il titolo originale ma persero quasi sempre il grande divertissement del terzo (*Le quattro stagioni*) destinato a divenire insieme alla complessa sinfonia un grande pezzo da concerto.

UN BALLO IN MASCHERA

Luciano Pavarotti

Luciano Pavarotti (1935-2007) è il tenore italiano più celebre della seconda metà del Novecento. Popolarissimo, straordinariamente comunicativo e dotato di una voce intensa e squillante, ha saputo infrangere più di chiunque altro la demarcazione tra fama operistica e presa sulle masse. Forse nessuno, come lui, è stato in grado di rilanciare prepotentemente l'opera lirica nella modernità. Magica era la naturalezza del suo canto: «Quando Pavarotti nacque», scrisse il «New York Times», «Dio gli baciò le corde vocali».

In questa intervista, raccolta nella sua casa di Modena nel 1999, Pavarotti racconta la sua passione per *Un ballo in maschera* di Verdi. Definiva «totale» la sua adesione al ruolo di Riccardo governatore di Boston, e confessava di amare con la stessa intensità soltanto il personaggio di Rodolfo nella *Bohème*, che aveva segnato il suo debutto in scena nel 1961. Parlando del suo titolo verdiano d'elezione, si faceva trascinare dall'effetto-Verdi, addirittura commuovendosi senza vergogna. *Un ballo in maschera* era la sua isola felice e un segmento fondamentale della sua storia artistica.

Luciano Pavarotti: può descrivere il personaggio di Riccardo dal suo punto di vista?

È un uomo macerato dai conflitti: s'innamora di Amelia, moglie del suo amico Renato, e il suo senso dell'amicizia ha il sopravvento sull'amore. Però finisce ucciso, visto che il marito tradito ha già progettato di ammazzarlo, ignorando che i due hanno deciso di lasciarsi. Un romanzo doloroso e percorso dall'amore, che permea profondamente quest'opera. Riccardo è così teneramente innamorato! Così accorato quando dice: *Estinto tutto... fuorché l'amor*. Eppure il *Ballo*, poema d'amore, finisce per tradursi in dramma sul dovere e la responsabilità, che trionfano sul sentimento amoroso.

E vocalmente?

È l'opera più completa per il tenore: ne esalta la duttilità, la dolcezza, la potenza. C'è il piano, il forte, il legato, l'agilità... Il gran duetto d'amore del secondo atto, poi, è incredibile. L'unico, secondo me, che gli stia alla pari come intensità è quello di *Tristano e Isotta*. Anche il duetto d'amore alla fine del primo atto di *Otello* è un capolavoro, ma in quel caso è diverso il genere d'amore espresso. Quanto a passione diretta, immediata, non conosco niente nell'opera italiana che eguagli il *Ballo*. Termina con un Do acuto. Di solito, quando sto per avvicinarmi a un Do, non riesco quasi a pensare ad altro, ma lì la musica è talmente sensuale ed emozionante che mi lascio trasportare e mi dimentico dell'acuto finché non sto per cantarlo. Forse Verdi ci aveva pensato, perché al tenore e al soprano dà alcuni secondi in cui riprendersi, prima di spedirli verso quel finale.

È questo duetto il momento più arduo dell'opera?

Sì, perché ha difficoltà di ogni tipo: di piani, di forti, di espressione... Ma non è il solo momento difficile. *Un ballo in maschera* ha una romanza tra le più difficili mai composte per tenore: *Forse la soglia attinse*. Per la voce è una tessitura sul registro di passaggio tecnicamente tremenda. E non ha neanche il vantaggio di tirar giù il teatro con gli applausi. Invece Renato canta *Eri tu*, una delle più belle romanze scritte per baritono, e ottiene un trionfo. Gigli, quando cantava quest'opera, raccomandava al baritono di non fare mai il bis, visto che in quegli anni si usava. Siccome Gigli non aveva niente da bissare, il bis del baritono sarebbe stato un affronto. Di *Forse la soglia attinse* tagliava addirittura un pezzo, per quanto era difficile. Insomma, nel *Ballo in maschera* il tenore canta tutta la sera cose di difficoltà terribile, poi arriva il baritono e ancor prima che con una pugnalata lo uccide con una romanza. Perché quella baritonale è la corda di Verdi.

In che senso?

Era baritono anche Verdi. Era il suo registro vocale. Ognuno di noi, anche se non canta, ha la voce catalogata. Per questo Verdi serviva bene i baritoni.

Invece il tenore è mal servito? Non ha appena detto che Un ballo in maschera *è l'opera più completa per il tenore?*

Sì che lo è. Ma Verdi gli dà cose di atletismo vocale spericolato, non accessibili a tutti. Quello verdiano è un tenore sempre importante, di grande peso. Anche quand'è frivolo, come in *Rigoletto*, ha una sua quadratura e una sua grande potenza nella vocalità e nel disegno musicale.

E com'è servito il soprano?

Nel *Ballo in maschera* magnificamente. Ha due arie bellissime e due splendidi duetti, come anche il paggio Oscar, ruolo sopranile. Un po' Cherubino, ma solo un po'. In realtà è molto se stesso, molto verdiano. È lui (o lei, che dir si voglia) la nota allegra e vivace dell'opera. Una spuma leggera che corre su una tavola imbandita di pietanze drammatiche.

Quando debuttò nel ruolo di Riccardo?

A San Francisco, nel '69, in un bell'allestimento di Faggioni. Mi sentii subito a mio agio nel personaggio, e fu un grandissimo successo.

Quante altre versioni ha interpretato?

Impossibile dirlo. Ne ho fatte così tante! Fu anche l'opera del mio debutto all'Arena di Verona. Un ricordo impressionante. Quando il tenore dice, entrando in scena: *Amici miei... Soldati*, ero a un'altezza di dieci metri e una scala, da lassù, mi portava tra gli amici. Scendendo vedevo il teatro, immenso, spettacolare, mentre l'abbraccio col pubblico diventava sempre più stretto. Che emozione indescrivibile. Poi la voce riempiva l'Arena. Non è vero che è un teatro non acustico. Ma ha bisogno di cantanti con voci ricche di armonici. Solo così si riesce a «passare» l'orchestra.

Altre edizioni memorabili?

Ad Amburgo, una ventina d'anni fa. Lo spettacolo ambientava l'opera durante la Guerra di Secessione americana. Io ero il generale Grant, il baritono era il generale Lee. Oscar era un negretto che litigava con il generale sudista, i cospiratori erano membri del Ku-Klux-Klan. Tutto aveva una sua coerenza, funzionava bene. E quando il sipario, nell'ultima scena, si alzava sul ballo in maschera, con quei costumi da *Via col vento*, gonne ampie e crinoline, l'effetto era mozzafiato, da applauso fragoroso.

Come definirebbe il rapporto di Verdi con le voci?

Meraviglioso. Verdi non è uno scassavoci, mai. La voce si solidifica, matura e prende confidenza seguendo le sue indicazioni, sempre folte e precise. Verdi specifica tutto in dettaglio, nei recitativi, nelle arie, nelle cabalette, scrivendo piccole cose su ogni nota. Non lascia niente all'improvvisazione. E più si canta come ha scritto lui, meglio si canta.

Spesso si lamenta una carenza di voci verdiane tra le nuove generazioni. È d'accordo?

Sì, di voci adatte a Verdi oggi è difficile trovarne. Forse perché una volta il cantante studiava meglio, aveva meno distrazioni. Ma era anche più selvaggio. Una specie di fiore che cresce libero sulle montagne, dove impara a lottare e a difendersi. Adesso invece non c'è alcuna selezione, vanno tutti al conservatorio. E finiscono per diventare uguali come piccoli pezzi di marmo ben scolpiti. Proprio per questo non è che ci si possa lavorare tanto sopra. Invece prima, su quei marmi più grandi, e magari meno rifiniti, si lavorava bene. Era così che venivano fuori i fenomeni.

Luciano Pavarotti in *Un ballo in maschera*, Arena di Verona, 1995.

L'opera

Melodramma tragico in tre atti. Libretto scritto in un italiano poetico pittoresco: la citatissima «orma dei passi spietati», come il suggestivo «raggiante di pallor», vengono da versi di Antonio Somma. Il *Ballo in maschera*, si basa su un soggetto francese di Eugène Scribe destinato alla messa in musica di Daniel Auber (1837), che rievocava l'assassinio di Gustavo III di Svezia ucciso a rivoltellate nel 1792 durante un ballo. Per aggirare la censura, nel libretto verdiano la vicenda fu spostata a Boston, alla fine del Seicento, e la traccia «politica» tenuta sullo sfondo rispetto alla trama amorosa. Comunque ostacolatissima dalla censura (portare in palcoscenico un regicidio, nei mesi dell'attentato Orsini a Napoleone, non fu una mossa diplomaticamente felice), destinata in origine a Napoli ma battezzata a Roma, l'opera è basata su un vocabolario musicale sofisticato, e su un rapporto originale tra voce e strumenti, sul contrasto tra tragedia e commedia, sull'alternanza di magnifiche espansioni melodiche e nervose narrazioni orchestrali. *Un ballo in maschera* tocca una verità drammatica inattesa facendo sfoggio di varietà e azzardi narrativi continui, di cui racconta a sufficienza la straordinaria scena conclusiva del ballo che dà il romanticissimo titolo: nel primo progetto, l'originale di Scribe *Gustavo III ou le bal masqué* era stato trasposto in italiano come *Una vendetta in Domino*.

Con una compagnia di canto non ideale («indegna», disse Verdi della distribuzione femminile), l'opera andò in scena la sera del 17 febbraio 1859 al Teatro Apollo. Un successo strepitoso. La novità del *Ballo in maschera* fu subito individuata nel perfezionamento formale e sostanziale di ciò che *Traviata* e *Rigoletto* (il Duca di Mantova è l'incunabolo di Riccardo) avevano dischiuso. Uno spirito nuovo imbriglia impulsi e straripante inventiva: la passione che lega Riccardo ed Amelia è espressa con tratti romantici degni del *Trovatore* ma la tempesta dei cuori è ammorbidita – e allo stesso tempo nobilitata: resa più consapevole e trepida per l'ombra di colpevolezza che le alita sopra – con precisione psicologica dalla presenza di momenti di assorta poesia sentimentale. E la spietata gelosia di Renato non è iperbolica come per Rigoletto, il Conte di Luna o Fiesco né un confronto tra «cattivo» e «buono» ma la toccante reazione umana del buono. Renato è «costretto» all'omicidio dal tragico sorteggio – non a caso, Verdi difese a oltranza quella scena – quindi è portatore di una sofferenza attonita e incredula, di un dolore struggente con radici quasi esistenziali, per le «dolcezze» d'un tempo che ora gli appaiono solo penose «memorie perdute». In tale ottica la congiura e la vendetta non sono espressioni categoriche ma circostanziate; perfino ironizzate dalla tragica assurdità delle coincidenze e degli equivoci.

Le grida di «Viva Verdi» che infiammarono il teatro romano, all'indomani del *Ballo* furono pennellate come «W V. E. R. D. I.» sui muri di molte città italiane (un mese prima Vittorio Emanuele II aveva lanciato al parlamento piemontese l'inequivocabile appello). Quarantaseienne, oramai affermato e con decine di opere alle spalle, Verdi prestò così il cognome al celebre motto-acronimo destinato a entrare perfino nei manuali scolastici di storia. La scritta riassumeva condivisa aspirazione politica e popolarità del compositore. Tant'è che quando nel 1860, a seguito dell'affettuosa circuizione di Cavour, Verdi iniziò la sua (breve) avventura come deputato della prima Repubblica, la notizia diede luogo a una sorta di spontanea festa nazionale.

LA FORZA DEL DESTINO

Giuseppe Sinopoli

A Giuseppe Sinopoli piaceva Giuseppe Verdi? Non è una domanda retorica. Il sospetto di un atteggiamento complesso, o almeno discontinuo, nei confronti del grande operista, sorge spontaneo di fronte a un grande direttore d'orchestra che, durante la sua carriera tanto rapida (è nato a Venezia nel 1946 ed è morto a Berlino, sul podio, nel 2001) quanto fertile e sostanziosa, mostrava di prediligere il sinfonismo romantico e tardoromantico e l'opera di fine Ottocento e d'inizio Novecento, e manifestava un'attrazione spiccata per Puccini, Wagner e Richard Strauss, di cui Sinopoli è stato uno degli interpreti più appassionati ed esatti.

«Io Verdi, invece, lo amo moltissimo», confessò il Maestro in questa intervista, rilasciata nella sua casa di Roma tre anni prima della precoce scomparsa, «anche se da giovane tendevo a guardarlo da un'angolatura intellettuale piuttosto aggressiva. Lo consideravo un autore popolar-borghese estraneo ai miei interessi, concentrati su Alban Berg, Schönberg, Wagner e Richard Strauss. Poi, però, ho imparato a comprenderne la forza innovativa messa in atto dalla concezione della parola scenica. È un'ottica attraverso la quale si può rileggere tutto il primo Verdi, e che attribuisce un aspetto quasi sperimentale a opere come *Nabucco*, *Attila*, *Macbeth* e *Luisa Miller*, proprio sulla base della loro drammaturgia legata alla parola. Caratteristica applicabile in parte anche alla trilogia popolare: *Rigoletto*, *Il Trovatore* e *La Traviata*. Da questo punto di vista è nato per me un rapporto molto forte con Verdi, che mi ha accompagnato lungo dieci anni. Ora è come sotteso o sospeso, ma non lo considero affatto concluso: ho progetti verdiani per i prossimi anni a Dresda (dove Sinopoli era direttore musicale della splendida orchestra della Staatskapelle, ndr). E se è vero che in Italia ho diretto solo due opere di Verdi, *Aida* e *Simon Boccanegra*, alla fine degli anni Settanta, quando la mia carriera era agli inizi, furono soprattutto legati a Verdi i miei primi successi internazionali, a Vienna, ad Amburgo, a Berlino e a Monaco di Baviera. Ho registrato inoltre vari titoli verdiani: *Nabucco*, *Rigoletto*, *Macbeth* e *La forza del destino*».

Fu appunto *La forza del destino*, che Sinopoli aveva anche diretto nell'86 a Monaco di Baviera, il tema della nostra conversazione: pubblicato dalla Deutsche Grammophon nell'aprile dell'87, il disco, realizzato dal Maestro veneziano sul podio della Philharmonia Orchestra di Londra e con un cast di cantanti che includeva Rosalind Plowright, Agnes Baltsa, José Carreras e Renato Bruson, continua ad essere considerato un'incisione «di riferimento» di quest'opera tumultuosa e geniale, oltre che piena di incongruenze narrative. «È definita da una disorganizzazione controllata formidabile», segnalava il Maestro. «Perché se è vero che *La forza del destino* è apparentemente caotica, il controllo di questo caos da parte di Verdi è assoluto, grazie al carattere profondamente innovativo della struttura dell'opera».

Può spiegare in che cosa consiste l'innovazione?

Verdi lascia dietro di sé la triade *Rigoletto-Trovatore-Traviata*. Opere molto belle, ma standardizzate in formule precise e codificate: cavatina e cabaletta, recitativi e grandi concertati. Con *La forza del destino*, ispirata a un testo spagnolo molto violento di Ángel de Saavedra, seguace di Victor Hugo, inizia per Verdi una fase di grande internazionalismo: nel '62 *La forza del destino* debutta a San Pietroburgo, nel '67 nasce il *Don Carlo* a Parigi, nel '71 c'è la prima *Aida* al Cairo. Nel frattempo il compositore ha lavorato alla revisione della *Forza del destino*, che nella nuova versione va in scena alla Scala nel '69, con il finale modificato e il terzo atto rifatto. Quello che appare evidente è l'eliminazione sistematica di tutti i numeri chiusi, in particolare del complesso cavatina-cabaletta. La forma del recitativo, nelle opere verdiane precedenti, corrispondeva di volta in volta a un'analisi oggettivo-razionale di una situazione, per poi aprirsi al delirio emozionale della cabaletta. Nella *Forza del destino* esiste invece la tendenza della frase di un'aria o di un arioso a frantumarsi e a interrompersi, quasi fosse un declamato, e del recitativo a orientarsi verso elementi unitari. È un po' come se il recitativo accogliesse messaggi di tipo espressivo, presentando al suo interno brevi motivi, di tipo ritmico e melodico, pronti ad aprirsi all'improvviso in una frase. In tal senso, nella *Forza del destino* Verdi crea per la prima volta una forma aperta, allontanandosi dalle strutture rigide tradizionali e affrancando il recitativo da funzioni di sutura narrativa e di organizzazione riflessivo-razionale. Il tutto scandito in una vicenda frenetica, un annodarsi ossessivo di situazioni psicologiche e musicali.

Non crede che proprio quest'intreccio di situazioni ed episodi conferisca all'opera una struttura policentrica senza sviluppo unitario?

Io credo invece che l'opera abbia una capacità impressionante di mantenere una grandissima unità nonostante le sue frammentazioni continue. L'elemento che la rende unitaria è il carattere psico-dinamico della coppia Alvaro-Leonora, persone che si amano seguendo un loro ineluttabile destino dall'inizio alla fine. Sono due dannati, costretti sempre a fuggire, nell'inseguimento di un legame che neppure una volta arriva a un'effusione attiva, spontanea, liberatoria. Attorno a questi due innamorati completamente soli, che seguono un loro percorso, o se si vuole una loro condanna all'irraggiungibilità, scorre l'immenso scenario del teatro del mondo: un grande fiume di umanità in cui la coppia appare e scompare, sempre travolta e sempre isolata, muovendosi in un proprio tempo estraneo a quello del fiume vorticoso, che è un tempo di circostanza. Alvaro e Leonora vivono invece un tempo personale e psicologico segnato dalla perdita e dalla fuga. Affiora netta una parentela con il *Boris Godunov* di Musorgskij (il quale, non a caso, sembra che avesse assistito alla prima rappresentazione della *Forza del destino* a San Pietroburgo): la stessa prospettiva del dramma del singolo travolto dalle masse, la stessa distanza o estraneità tra massa e individuo.

Quale concezione di destino emerge dall'opera? Non sente lontana l'idea di Provvidenza che domina I promessi sposi? *La tanto conclamata «religiosità» della* Forza del destino *non ha, in realtà, ben poco di manzoniano?*

Ne sono convinto: nell'opera non c'è alcuna idea di trascendenza. L'atmosfera è assolutamente laica o addirittura denigratoria o irrisoria verso la religione. L'unica eccezione è il finale, quando Leonora, uccisa dal fratello, spira tra le braccia di Alvaro e raggiunge la pace, mentre Alvaro sente scendere su di sé il perdono divino. Il tutto con la benedizione del Padre Guardiano. Emerge qui una concessione a un gusto un po' naïf. Ma non bisogna dimenticare che nell'opera la chiesa, oltre che dal Padre Guardiano, è rappresentata da Fra' Melitone, fratacchione furbastro e intrigante, disegnato con umorismo. Molto più che scene religiose, quelle che dipingono frati e conventi sono scene di costume. Campeggia sempre la società osservata nelle sue forme reali, come fotografate. Da una parte ci sono gli aristocratici Leonora e Alvaro, dall'altra un mondo di soldati, osti, fraticelli, mendicanti e pellegrini. Tutto un cosmo proletario dove la religione c'entra poco o niente. E non sarà neppure il canto dei monaci del convento, ovvero *La Vergine degli Angeli*, a dare un segno religioso all'opera. È solo un elemento in più per rendere l'ambientazione naturalistica dell'Italia e della Spagna dell'epoca del libretto, la metà del XVIII secolo.

Diceva Ildebrando Pizzetti che sarebbe bastata La Vergine degli Angeli *per fare della* Forza del destino *un capolavoro.*

Musicalmente tutta *La forza del destino* è meravigliosa: Verdi parte sempre da una situazione quotidiana e l'addensa di forza espressiva, collocando quel certo quadro ambientale all'interno di un'unità totale necessaria, quella che appunto riflette il sentire di un popolo intero. Così è anche *La Vergine degli Angeli*: non un assunto teologico o una disquisizione esistenziale sull'importanza della religione, ma un momento affettivo ed espressivo, in cui il popolo canta e chiede una protezione di cui sente di aver bisogno. Si è all'opposto della musica tedesca, che è «impressiva», nel senso che i problemi – del mondo, della società, della famiglia, del singolo – vengono introiettati negli strati del «profondo» di nietzschiana memoria andando poi a vagare nei labirinti dell'inconscio. Verdi, al contrario, è lo specchio di una terapia psicoanalitica di tipo liberatorio. *La Vergine degli Angeli* è l'espressione di un popolo che canta un'esigenza espressiva. Per questo è un capolavoro nello stesso senso in cui lo è il *Rataplan*.

Il Rataplan*, appunto. E poi le danze, le processioni, le preghiere, le ronde... Non sono eccessive le tessere che concorrono alla composizione del mosaico?*

È una girandola che mi fa venire in mente ciò che una volta disse Mahler: «Vorrei riuscire a mettere in musica quello che succede al Prater di Vienna». È il movimento della vita di tutti i giorni, fatta di miseria, di popolo che va alla guerra, di poveracci che si ubriacano e che cercano di sbarcare il lunario. In questa realtà si stagliano due persone che vivono un dramma diverso, di sentimenti archetipici, di amore e morte. Leonora e Alvaro fuggono in quanto sottoposti alla violenza continua della perdita. La perdita del padre per Leonora, la perdita della famiglia, del padre, della madre e della patria per Alvaro. Poi la perdita di Alvaro per Leonora e la perdita di Leonora per Alvaro. Anche il convento in cui entrambi si ritirano è un'ulteriore perdita, in quanto forma di rinuncia al mondo reale del quotidiano. Fino alla perdita *ad infinitum*, quella della vita, da parte di Leonora, quale conclusione, dal punto di vista psicologico, di un percorso depressivo tanto profondo quanto irrisolvibile. È una persona travolta da una crisi che non sa gestire, in cui grava l'incapacità a decidere e il peso del vivere.

È di questi aspetti che si nutre la sua celebratissima interpretazione musicale dell'opera?

Quello che credo di aver messo a fuoco, nell'incisione della *Forza del destino*, è per un verso lo sperimentalismo espressivo dell'opera, ovvero la sua straordinaria capacità innovativa di far esplodere tutte le forme chiuse del grand-opéra, e per un altro la sua implicita forza «socialista», proprio nel senso di forza espressiva del sociale. Quella mia esecuzione puntava a caricare di senso denunciatario e politico un'opera che, come il *Boris Godunov* di Musorgskij, sa mettere in evidenza la realtà travolgente di un popolo e delle sue necessità espressive. *La forza del destino* fa riferimento ante litteram a quell'umanesimo sociale tanto caro a Luigi Nono, seppure affrontato e risolto con metodologie ed esiti radicalmente diversi.

L'opera

Due finali per l'opera più tortuosa nel soggetto, più avventurosa e disomogenea nelle soluzioni musicali, più amata e temuta (per la fama malaugurante che, non si sa perché, l'ha sempre scortata). Da quando *La forza del destino* andò in scena al teatro Imperiale di Pietroburgo il 10 novembre 1862, sono cominciate le discussioni sul reale valore di questa partitura subito amata dal pubblico e dagli interpreti. L'ennesima scelta imprevedibile di Verdi si era indirizzata a un (quasi omonimo) fosco dramma settecentesco spagnolo dallo svolgimento farraginoso, e fondato sull'irriducibile furia vendicativa di don Carlo di Vargas (nell'opera sarà baritono) nei confronti di Alvaro, seduttore della (consenziente) sorella Leonora, che per un'incredibile fatalità (il colpo accidentalmente partito dalla pistola gettata ai piedi del Marchese di Calatrava) aveva provocato la morte del padre (non consenziente suocero). Il giovane cavaliere è accecato da un senso dell'onore tragico e grandioso; inestinguibile al punto di sperare nella guarigione del rivale pur di poterlo, da pari a pari, sfidare a duello mortale e addirittura di uccidere la sorella («l'offesa vendicò nel sangue mio», lo giustifica Leonora ferita a morte). Oggetto di tale odio Alvaro (tenore), un principe di sangue misto, «quell'indo maledetto che macchiò il sangue mio», cui alla fine toccherà in sorta la pena più terribile: sopravvivere, avendo causato direttamente o indirettamente la morte di Leonora e la distruzione dell'intera famiglia dei Vargas.

La disperazione del protagonista, nel primitivo libretto di Piave che segue la traccia originale di *Don Alvaro o la fuerza del sino* di Angel Perez de Saavedra duca de Rivas (già tradotto in italiano nel 1850), lo porterà a una spettacolare bestemmia-suicidio conclusiva, in una notte di tregenda. Comunque in Russia, dove la prima dell'opera dovette essere rimandata di un anno (finché Verdi non approvò la compagnia di canto), l'opera fu subito accolta con favore dal pubblico, lo zar Alessandro II conferì al musicista un'alta onorificenza imperiale, ma si guadagnò anche qualche critica per la struttura narrativa libera e i personaggi eterogenei. Forse anche Verdi non era del tutto soddisfatto, tant'è che rimise mano alla partitura (come del resto fece per quasi tutte le opere scritte in quegli anni). Nella versione definitiva (Milano, 27 febbraio 1869) che salutò il ritorno di Verdi al Teatro alla Scala, il nuovo collaboratore (Antonio Ghislanzoni, futuro librettista di *Aida*) propose un più trasfigurante finale, con un terzetto di sublime bellezza in cui la cecità del destino in titolo è ammantata di cristiana rassegnazione. Verdi dal canto suo, rifece alcune parti, soprattutto nel primo atto, e lo fece precedere da una magnifica Sinfonia, scritta ex novo e subito popolarissima. *La forza del destino*, sorta di tumultuoso romanzo d'avventura, raccontato con un'alternanza formidabile e inedita di toni epici e squarci lirici, fu il più ricco e fantasioso laboratorio teatrale mai tentato da Verdi. L'ambizioso progetto di policentralità narrativa dei quattro atti della sontuosa partitura non viene impedito nemmeno dall'inserimento nel racconto di un'intera scena schilleriana (tratta dal *Wallensteins Lager*, nella riduzione librettistica di Andrea Maffei). Regge fino in fondo l'equilibrio tra protagonisti, impegnative figure di contorno (Padre Guardiano, l'operettistico Fra' Melitone e l'ubiqua zingara Preziosilla) e gustose macchiette; l'alternanza di scene individuali e grandi squarci corali, di pagine ora severe ora grottesche secondo i dettami shakespeariani; e l'invenzione melodica copiosa e sorretta da una pari scrittura d'orchestra aderisce alle avventurose situazioni che scivolano senza frizioni dalle tinte drammatiche a quelle comiche.

DON CARLO

Myung-Whun Chung

È il *Don Carlo* l'opera di Verdi più vicina al cuore del celebrato direttore coreano Myung-Whun Chung (nato nel 1953), molto attivo in Europa e negli Stati Uniti sul podio delle migliori orchestre. Legato profondamente all'Italia, a cui dice di dovere tanto (in gioventù lavorò come assistente di Carlo Maria Giulini), Chung, nel corso della sua intensissima carriera, è stato tra l'altro direttore musicale dell'Opera di Parigi (1989-1994) e dell'Orchestra dell'Accademia Nazionale di Santa Cecilia (1997-2005). Attualmente ricopre i prestigiosi incarichi di direttore musicale dell'Orchestre Philharmonique de Radio France e di direttore principale della Staatskapelle di Dresda. Continua a frequentare con assiduità i teatri italiani, sia collaborando con le massime istituzioni liriche, dirigendovi titoli operistici, sia come ospite della stagione sinfonica della Filarmonica della Scala.

La sua prima esecuzione di *Don Carlo* avvenne nell'88, in occasione del suo debutto sul podio del Teatro Comunale di Bologna, «e all'inizio ero piuttosto perplesso», racconta. «Mi spaventava approdare in un teatro italiano per dirigervi un'opera così amata e rispettata nel vostro Paese. Anche se avevo già diretto Verdi, si trattava del mio primo confronto con il periodo maturo del compositore. Ma la forza straordinaria della sua musica mi ha sostenuto».

Quale versione fece?

Quella in cinque atti. Penso che la versione in quattro atti sia assai più difficile da rappresentare. Come si fa a raccontare il rapporto tra

Don Carlo ed Elisabetta senza il primo atto? Ho scelto di aggiungere pure l'introduzione al terzo atto, col risultato di uno spettacolo molto lungo. Ho diretto il *Don Carlo* anche al Metropolitan di New York, sempre nella versione in cinque atti, e ho interpretato questo titolo in forma di concerto a Oslo. Per me affrontare il *Don Carlo* è sempre un'impresa meravigliosa. Di tutte le opere di Verdi, è quella che mi dà maggiore soddisfazione. Ha ampliato il mio orizzonte, facendomi comprendere ancora più a fondo il genio e l'umanità della musica verdiana.

Può spiegare i motivi di questa preferenza?

Secondo me è l'opera più ricca del suo repertorio: contiene materiale sufficiente per tre grandi opere. È il motivo per cui esige un minimo di sei grandi cantanti, mentre la maggior parte delle opere si può fare con due o tre interpreti di alto livello. L'unica critica che di solito si rivolge a quest'opera è un'eccessiva densità: qualcuno sostiene che ha troppi elementi ai quali rendere giustizia allo stesso tempo. In effetti è eccezionalmente piena di cose. Ma com'è possibile accusare un'opera di essere troppo bella?

Il Don Carlo *fu creato per l'Opera di Parigi. In che modo lo stile francese grand-opéra ne influenzò la composizione?*

Ne condizionò di certo la dimensione e la scansione in cinque atti. E probabilmente fu dal grand-opéra che Verdi assunse sia la convenzione d'inserire una scena madre, molto spettacolare, quella dell'autodafé (il secondo quadro del terzo atto), sia l'inclusione di un balletto che in seguito decise di tagliare. Inoltre l'opera, com'è noto, fu scritta in francese. Ma non penso che tutto questo abbia veramente inciso sul pensiero musicale di Verdi e sul suo modo molto personale di comporre. Forse c'è un po' di colore francese, anzi parigino, nella leggerezza ed eleganza di certi passaggi. Ma a parte questo, Verdi resta se stesso, con la sua voce originale.

È stato notato spesso che a differenza di Puccini, il quale descrive fondamentalmente amori di coppia, Verdi racconta un'ampia varietà di sentimenti umani. Non crede che Don Carlo *costituisca un ottimo esempio di questa capacità?*

È vero: Verdi va molto al di là dell'amore romantico, nel senso che sa esplorare l'emozione a livelli diversi, puntando sempre a verità essenziali. Da questo punto di vista è simile a Beethoven, nel senso che entrambi hanno un rapporto molto personale con Dio e con la fede, ed entrambi lottano per la libertà: politica, spirituale, emotiva. È impressionante come Verdi, con poche note, riesca a raggiungere le radici più profonde dell'essere. È la sua vera magia, che non ha niente a che vedere con l'aspetto tecnico, armonico e strutturale delle sue partiture. Tutto ciò affiora nel *Don Carlo* più che in qualsiasi altra opera. È un mondo che offre a Verdi situazioni, idee e opportunità per parlare di vari tipi d'amore, per descrivere un'autentica amicizia, per raccontare un conflitto fra padre e figlio, o ancora il conflitto fra governo e chiesa e fra chiesa e individuo. Temi che sa affrontare con vivido senso drammatico.

Parliamo dell'amore tempestoso e fatale che unisce Elisabetta a Don Carlo. Ha scritto Massimo Mila che «mai Verdi si è tanto inoltrato nell'esplorazione dei misteri più sottili dell'anima, come nella descrizione dell'amore colpevole e soffocato tra Don Carlo e la giovane matrigna».

Quell'amore rappresenta il motivo fondamentale per cui l'opera non si può rappresentare senza la prima scena, con l'incontro tra Don Carlo ed Elisabetta nella foresta di Fontainebleau e la nascita della loro passione a prima vista. Verdi usa quest'occasione per raccontarci la primavera dell'amore, per poi condurci lungo il ciclo completo del sentimento amoroso, dall'amore romantico all'amore divino. Presi l'uno dall'altra, Don Carlo ed Elisabetta giungono fino a parlare del modo in cui la loro unione proseguirà nel cielo, oltre la morte. Il genio di Verdi percorre l'intero arco di quest'emozione con una musica talmente coinvolgente da catturare chiunque l'ascolti. E tutto questo non è che un decimo del *Don Carlo*.

Spiccano, tra gli altri temi esplorati, la rivalità e il sospetto di Filippo nei confronti di Carlo, la gelosia rovente della principessa di Ebo-

li, l'amicizia fraterna tra Carlo e Rodrigo, il senso della regalità e la consapevolezza della grandeur *perduta e della propria vecchiaia da parte di Filippo, lo scontro tra l'anelito alla libertà e l'assolutismo monarchico ed ecclesiastico.*

Il conflitto padre-figlio, ovvero Filippo-Don Carlo, non è molto ben sviluppato. Forse l'argomento per Verdi è piuttosto sgradevole. O forse, semplicemente, il compositore non lo considera come il tema principale dell'opera. Tra l'altro, nella realtà storica, Don Carlo, figlio di Filippo II, era un uomo stravagante e squilibrato, che pare macchinasse contro il padre. Verdi gli conferisce invece una grande nobiltà, soprattutto nel suo rapporto con Elisabetta. Soltanto all'inizio lo descrive come un immaturo, mentre Rodrigo è un personaggio che ha molto più spessore. Neanche il conflitto con la principessa di Eboli è fondamentale. È solo un pretesto per creare un ruolo spettacolare per il mezzosoprano. Verdi scelse per quest'opera personaggi maschili fortissimi: Don Carlo, Rodrigo, Filippo, il Grande Inquisitore. La principessa d'Eboli, personaggio femminile brillante, serve nel suo contrasto con Elisabetta a dare un equilibrio all'opera. L'amicizia fra Rodrigo e Don Carlo è soprattutto funzionale all'indicazione della grandezza del primo. È a lui, e non a Don Carlo, che Verdi regala le melodie più belle. Una valorizzazione che diventa evidente nella scena commovente della morte. Trovo meraviglioso il modo in cui Verdi vi esprime il senso dell'amicizia e la nobiltà di spirito di Rodrigo. Pure quella di Filippo è una parte caratterizzata da una certa nobiltà, anche se una vita interamente dedicata alla politica sembra avergli conferito atteggiamenti cinici. Verdi però gli dedica la grande scena del quarto atto, con l'aria *Ella giammai m'amò*, che costituisce il passaggio più completo, forte ed emozionante dell'opera. A Bologna, come interprete di Filippo, potevo contare su un grande artista come Ruggero Raimondi, e tutti aspettavano quella scena. La faceva straordinariamente bene. Quando penso al personaggio di Filippo penso sempre a lui. Forse per questo è un ruolo che mi piace tanto.

Quanto alla lotta per la libertà, è un conflitto spesso presente nelle opere di Verdi, ma mai come in quest'opera. L'Inquisitore è un personaggio brutale che ci mette in contatto con la rozzezza della lotta per il potere. La scena fra i due bassi, Filippo e l'Inquisitore, ha la violenza di uno scontro tra due animali. E se si pensa che rappresentano il vertice del potere politico e religioso, ci si rende conto dell'enorme coraggio di Verdi, considerando tutto quello che accadeva all'epoca in Italia, dalla guerra con l'Austria alla posizione del Vaticano. Verdi voleva affrontare un tema fondamentale, che nell'opera assume un carattere centrale.

C'è nel Don Carlo, *da parte di Verdi, un nuovo approccio alla tecnica vocale? È stato notato che, rispetto a opere come* La Traviata *e* Il Trovatore, *qui è molto meno chiara la divisione fra il recitativo e l'aria, a favore di un discorso musicale continuo. È d'accordo? E che cosa pensa dell'innovativo passaggio dell'opera scritto solo per due bassi, Filippo e il Grande Inquisitore?*

Qualcuno ha rimproverato al *Don Carlo* un cedimento al wagnerismo. Chi lo fa non conosce la storia della musica. Verdi non aveva mai ascoltato un'opera di Wagner prima di comporre *Don Carlo*. E anche se ne avesse ascoltate, un compositore della sua creatività non se ne sarebbe mai fatto condizionare. Forse l'orchestrazione risente delle tendenze della musica europea, ma filtrate sempre dalla voce originale di Verdi. Inoltre Verdi mostra di cercare modi nuovi per caratterizzare i colori drammatici, dimostrando un ampliamento della propria riflessione sui fatti compositivi. Per affrontare le relazioni interpersonali più complesse e il problema del rapporto tra potere laico e potere ecclesiastico, non basta più la bellezza di una melodia. Verdi si rende conto di aver bisogno di più dialoghi, così come di elaborare messaggi musicali da comunicare al pubblico in modo sempre più profondo, per farli recepire dagli ascoltatori anche a livello inconscio. Con la musica si può intensificare ogni significato, far diventare una camera più calda e una luce più brillante. Perciò Verdi inserisce nella parte orchestrale molte melodie ed elementi musicali importanti, affidando all'orchestra le sottolineature dei messaggi emotivi e lasciando ai cantanti solo piccole frasi qua e là.

Per esempio nella scena del terzetto di Rodrigo, Eboli ed Elisabetta, con la Corte sullo sfondo, quasi tutta la melodia sta nell'orchestra, e i personaggi chiariscono l'azione solo con poche frasi. Verdi ha scelto di non aggiungere una bella aria, e dà agli interpreti la possibilità di recitare, seguendo la musica dell'orchestra. Utilizza la vera e propria tecnica del dialogo in un flusso sottile. Ne risulta una bellissima pièce teatrale fatta di dialoghi e sottolineata dalla musica che crea una corrente sotterranea, come se si trattasse di un altro linguaggio parlato. Sono due linguaggi paralleli che trasmettono tutto ciò che è necessario. Verdi evita ogni stacco brusco tra arie e dialoghi e riesce a creare una tensione incredibile.

Quanto al duetto tra i bassi, immaginiamo un Capo di Stato e un Capo del Vaticano che si parlano, che non si piacciono, che si misurano a vicenda, che tramano le loro mute strategie. Verdi ottiene un grandioso effetto drammatico con un tema basso sottostante nell'orchestra. I personaggi possono parlare «normalmente», cortesemente, freddamente. Ma intanto l'orchestra ci descrive la forte repulsione che in realtà provano l'uno per l'altro. Senza quella terrificante musica scura, i cantanti dovrebbero enfatizzare i loro gesti. Qui invece è l'orchestra a condurre la descrizione della tensione psicologica fra i personaggi. E questa sensazione scorre lungo tutta l'opera. Ovviamente tale procedimento costringe i cantanti a essere sensibilissimi a quanto accade in orchestra. Non parlerei quindi di una nuova tecnica vocale, bensì di un nuovo equilibrio fra canto e orchestra. Nell'opera Verdi ha anche composto delle grandi arie, ma sono sostenute sempre da una musica strumentale più raffinata e psicologicamente più forte rispetto a quanto accade in opere precedenti.

Lei, Maestro, è nato e cresciuto in Corea, ma ha sempre avuto un rapporto molto speciale con l'Italia. Qual è, in generale, la sua visione di Verdi, figura tanto centrale nella cultura italiana?

Visto che sono sempre stato un uomo pieno di dubbi, mi sono sentito costantemente attratto dalle persone di grande statura spirituale e intellettuale. E ho avuto la fortuna, durante la mia vita, d'incontrarne qualcuna, come il Maestro Carlo Maria Giulini, che per me incarna le stesse qualità che trovo in Verdi: la capacità di guardare all'esistenza con speranza e di comprendere e indicare gli obiettivi più autentici dell'essere umano. Nella vita esiste un equilibrio, lo stesso segnalato dalle opere di Verdi, in particolare dal *Don Carlo*. Forse è difficile capirlo per chi non ha vissuto a lungo, intimamente, a contatto con quest'opera, capace d'illustrare come nessun'altra sentimenti e valori completi. È un capolavoro che contiene l'ineffabile pienezza della vita. So che sembrano temi molto generici: per questo parlarne mi fa sentire a disagio. Ma basterebbe ascoltare la musica di Verdi per coglierli in profondità e con immediatezza, al di là delle parole.

L'opera

Per la quarta volta dopo *Giovanna d'Arco*, *I Masnadieri* e *Luisa Miller*, con *Don Carlo* Verdi si affida a un dramma di Friedrich Schiller (*Don Carlos, Infant von Spanien*, 1783-87), creando una delle sue partiture più sofferte e ricercate. La nascita come grand-opéra fu segnata dalle difficoltà che accompagnarono la laboriosa «prima» (Parigi, Théâtre Imperal de l'Opéra, 11 marzo 1867) con l'eliminazione di numerose pagine musicali importanti e fascinose. Fu tagliata una decina di numeri più o meno ampi, tra cui alcuni cori del primo e nell'ultimo atto, la strategica scena con lo scambio dei veli tra Elisabetta ed Eboli che, affaticata, chiede alla principessa di ingannare la corte e di sostituirla (giustificando così allo spettatore l'equivoco in cui cade Don Carlo, scambiando la principessa per la Regina), il concertato *Qui me rendra ce mort*, collocato dopo l'assassinio del Conte di Posa (in seguito ossatura del *Lacrimosa* della *Messa da Requiem*) e altre brevi suture. Tali privazioni musicalmente preziose e quindi rimpiante hanno reso la grandiosa partitura una sorta di meraviglioso enigma drammatico e musicale. Complicato dallo stesso compositore che per la prima italiana alla Scala (10 gennaio 1874) realizzò una versione in quattro atti sulla traduzione di Achille de Lauzières e Angelo Zanardini (rinunciando al suggestivo quadro-atto di Fontainebleau condensato nell'aria di Don Carlo), e in seguito per Modena (1886, Teatro Comunale) una in cinque atti più vicina all'originale ma senza gli ampi ballabili. Se è quindi difficile orientarsi tra le molte edizioni e i manoscritti, tant'è che anche gli interpreti spesso compongono a loro piacimento la partitura teatrale, rimane innegabile la qualità unica di *Don Carlo*, a lungo ai margini del repertorio a causa dell'oggettiva complessità, della dispendiosa distribuzione artistica (almeno sette prime parti vocali), e di una maestosa e insistita tinta funebre.

La truce vicenda schilleriana, incentrata sulle velleità «politiche» di Don Carlos, giovane sognatore e introverso delfino di Spagna, innamorato della giovanissima promessa sposa del padre (in precedenza destinata a lui), che si pone dalla parte dei fiamminghi ribelli e solo in ragione del suo blasone viene risparmiato dall'Inquisizione, è sottolineata in modo solenne e struggente. Il senso della solitudine del potere (già scandagliato in *Due Foscari* e *Simon Boccanegra*) e la rappresentazione del conflitto tra affetti e autorità, in *Don Carlo* diviene lancinante. Lo sintetizza la perfezione drammatico-musicale suprema del terzo atto: il monologo *Ella giammai m'amò* di Filippo II fa da prologo al terribile dialogo-diverbio con il Grande Inquisitore. Due voci di basso. Il re di Spagna tenta (invano) di contrastare il potere religioso: metafora audace e crudele delle sofferenze (dell'impossibilità, forse) cui corre incontro l'uomo che vorrebbe vivere libero (il Marchese di Posa e Don Carlo), secondo natura e sentimenti. Il pessimismo verdiano incontra quello schilleriano (filtrato dalla bella riduzione librettistica di Joseph Méry e Camille Du Locle) e lo magnifica. Ogni personaggio ha una scolpitura indimenticabile: l'ipocondrìa di Don Carlos, il pragmatismo politico («La morte in questa mano/ ha un avvenire fecondo», dice giustificando gli stermini sulle terre fiamminghe in rivolta) e la solitudine spaventosa di Filippo II, l'arroganza cieca del Grande Inquisitore, l'utopica nobiltà d'animo di Rodrigo-Marchese di Posa (unica vittima sacrificale visibile), la trepidante duplicità affettiva di Elisabetta sposa-bambina suo malgrado e matrigna (sempre suo malgrado) dell'unico uomo-ragazzo che l'ha toccata nel profondo del cuore, la sensualità di Eboli, la tinta da tragico bassorilievo della musica che evoca un secolo buio che soffoca i sentimenti, in una Spagna raccontata dai tradimenti, dal terrore e dal sospetto.

AIDA

Riccardo Chailly

Riccardo Chailly e le rivelazioni profetiche di *Aida*. Direttore d'orchestra italiano (milanese, nato nel 1953) ammiratissimo nel mondo, Chailly ha alle spalle un'intensa frequentazione del repertorio verdiano. Ma in particolare con *Aida* ha avuto un approccio che definisce «folgorante». Affrontò questo titolo per la prima volta in Olanda, dove Chailly ha lavorato a lungo in veste di direttore principale della Royal Concertgebouw Orchestra di Amsterdam (dal 1988 al 2004). Avvenuto nel giugno del 2000 nella città olandese, in un allestimento assai discusso del regista tedesco Klaus Michael Grüber, quel debutto gli permise di tuffarsi nell'universo di un'opera che considera «straordinariamente proiettata verso il futuro». Tanto da aver influenzato in profondità il percorso compositivo di Gustav Mahler, così come Chailly, che è un interprete assiduo e sensibile della musica mahleriana, ci spiegherà durante questa conversazione. In seguito il celebre Maestro (che attualmente guida la prestigiosa Gewandhaus Orchestra di Lipsia ed è General Music Director dell'Opera nella stessa città tedesca) ha diretto *Aida* anche alla Scala, nella serata inaugurale della stagione 2006/2007.

Quali considera le pagine più alte di Aida*?*

Amo specialmente il terzo e il quarto atto, in particolare un passaggio: dopo il momento esplosivo, nel secondo atto, della grandiosa scena del trionfo, c'è come un ritorno all'essenza, un prosciugamento del linguaggio. Nel quarto atto, con la scena del monologo di Amneris,

Verdi tocca i vertici drammatici dell'opera. Poi tutto si semplifica e si essenzializza nella trasparenza nell'ultima scena, in cui restano soltanto Aida e Radames. Finale magnifico, rarefatto e sublime.

Parla di rarefazione. Ma non è stata proprio la prospettiva opposta, ovvero quella trionfalistica, la chiave del successo di Aida*?*

Purtroppo sì. Nel senso che il trionfalismo è un aspetto che ne ha occultati altri. La scena del trionfo ha dato a chiunque, o quasi a chiunque, la possibilità di cantare certe melodie, dirottando l'attenzione rispetto alla grandezza delle scene che la precedono e la seguono.

E la retorica? Non sente mai cedimenti da parte di Verdi?

Questo è fondamentalmente un problema del libretto di Antonio Ghislanzoni. Pieno di manierismi e con un italiano obsoleto e datato che non aiuta il linguaggio della musica. Niente di paragonabile a quanto ha fatto Boito in *Otello*, o alla perfetta simbiosi tra musica e libretto in *Falstaff*.

Dalle lettere di Verdi emerge una collaborazione con il librettista molto problematica.

Infatti. Verdi, per esempio, chiedeva illuminazioni librettistiche sulla scena del trionfo: come suddividere le masse corali che compongono la scena e organizzare il testo prosciugandolo da banalità. Tutto, secondo lui, doveva esprimere in modo essenziale un concetto profondo e mai monotono di celebrazione. Operazione che poi, in realtà, è riuscita proprio al compositore, geniale artefice di una sorta di suddivisione di testi simultanei all'interno di diversi gruppi corali. È un po' quello che farà Puccini nel secondo quadro della *Bohème*. Verdi, negli anni Settanta, realizza un'idea «frastagliata» di testi sovrapposti che a noi appare molto novecentesca.

Intende dire che sta in quest'idea il rapporto di Aida *con la musica del Novecento?*

Non solo. *Aida* ha un'estrema forza profetica. Nel percorso di Verdi segna una svolta rispetto a opere precedenti. Fin dal preludio emerge in orchestra un'idea molto suggestiva di orientalismo. È una melodia che si ritroverà nella scena del Nilo, in cui il compositore descrive atmosfere egiziane. E dimostra la sua volontà di spingersi in un mondo per lui inesplorato fino a quel momento. L'ambientazione e il soggetto lo forzano a trovare una timbrica nuova. In *Aida* c'è una tale ricchezza di trovate strumentali!

Qualche esempio concreto?

L'inizio del terzo atto, con l'arabesco prima ascendente e poi discendente dei violini primi e le note in suono armonico degli archi gravi. È un momento di straordinaria intuizione timbrica, depurato dai suoni gravi. Sembra scritto in pieno ventesimo secolo: Verdi intuisce quello che musicalmente avverrà cinquant'anni dopo. D'altra parte tutto il linguaggio di Verdi, in *Aida*, è densissimo di invenzioni anticipatrici, come dimostra l'utilizzazione di questa musica da parte di Mahler.

Che uso ne fece Mahler?

Attinse a piene mani ad *Aida*, e questa è un po' una mia scoperta, che rivendico come tale. Nel suo libro *Erinnerungen an Gustav Mahler* (*Memorie di Gustav Mahler*), Natalie Bauer-Lechner, amica e confidente del compositore, riferisce che quando egli le parlò della sua Quarta Sinfonia, in particolare del finale, le confessò che chi lo aveva influenzato di più nella composizione era stato Verdi. Da quest'affermazione sono partito alla ricerca di paralleli musicali tra i due autori. E ho trovato che, nella parte finale della Quarta Sinfonia di Mahler, c'è un chiaro riferimento timbrico, quasi una citazione, del momento in cui nel terzo atto di *Falstaff* c'è il canto degli Zefiri, che Verdi chiama «Danzetta lenta e molle delle piccole Fate»: una melodia dei violini in sordina raddoppiati dal flauto e accompagnati dall'arpa, molto simile a un incipit mahleriano della seconda parte del finale della Quarta. La stessa idea timbrica. Per quanto concerne *Aida*, invece, ho fatto proprio una ricerca melodica. Gliela descrivo in sintesi: avviene nel quarto atto, seconda scena, alla lettera S della partitura d'orchestra, che comincia con Aida che canta *Presago il core del-*

la tua condanna. E sulle parole *Io penetrai furtiva e qui lontana da ogni umano sguardo*, c'è una melodia sopra un pedale di Re, che Mahler riprenderà nel *Canto della Terra* nel suo sesto movimento, chiamato *L'Addio*, dove inizia il primo recitativo del mezzosoprano (al numero 3 della partitura d'orchestra). Mahler sovrappone la melodia a un pedale di Do anziché a un pedale di Re, come in *Aida*, ma insegue lo stesso andamento melodico e quasi le identiche note, ovviamente trasportate di tono.

È una citazione consapevole?

Ho concluso di sì, dopo una ricerca sulle esecuzioni di *Aida* dirette da Mahler. Furono tre: la prima nell'88 a Lipsia, la seconda nel '98 a Vienna e la terza nel 1903 ancora a Vienna. Se si considera che il *Canto della Terra* è del 1908, il collegamento risulta chiaro. La melodia citata nel *Canto della Terra* appare già nella Quarta Sinfonia, nel terzo movimento, per l'esattezza una battuta prima del numero 3 della partitura d'orchestra. C'è una melodia di flauto e clarinetto che presenta quasi le identiche note di *E qui lontana da ogni umano sguardo*. È una specie di cellula verdiana che ossessionò Mahler a più riprese, qualcosa che gli ferì l'animo. Un passo travolgente di *Aida*, con quel pedale di Re rinforzato dai cupi rintocchi della grancassa che è un po' come una marcia funebre. Si dice che Mahler abbia aperto il Novecento a un nuovo linguaggio orchestrale, che sia lui il padre spirituale del secolo. Il fatto che sia stato influenzato dall'ultimo Verdi fa comprendere il peso delle invenzioni verdiane.

I critici del tempo di Verdi parlarono, a proposito di Aida, *di wagnerismo. Nel bene e nel male: sia nel senso di una rilevante ricerca di novità, sia per accusare Verdi di aver composto un'opera che compiacesse i wagneriani.*

La trovo una speculazione fuori luogo. Il wagnerismo è evidente, ma non come ricerca di citazioni o di avvicinamento al linguaggio wagneriano. Verdi, in quegli anni, lo aveva assorbito anche studiando partiture di Wagner. Ma tutto era filtrato dal suo genio.

Come vede i personaggi dell'opera, sia dal punto di vista vocale che da quello psicologico? Si è parlato di una sorta d'inconsistenza di Radames.

In effetti, dal punto di vista meramente teatrale e drammaturgico, è un personaggio problematico. Ma vocalmente è profilato bene, con una tessitura impervia, ingenerosa per il tenore, nel senso che è terribilmente ardua.

Verdi è più gentile con il baritono?

Sì, in questo caso lo è. D'altra parte il baritono ha un ruolo di minore rilievo teatrale nell'opera.

E le donne?

La navigazione interiore di un problema, che sia sentimentale, affettivo, politico o sociale, è onnipresente in *Aida*, e disegnata straordinariamente bene nei ruoli femminili, molto più che in quelli maschili. Radames, per esempio, ha sempre un carattere eroico: sia vocalmente che nell'accompagnamento orchestrale dei suoi interventi, Verdi conferisce un senso militare al personaggio. Ma non ha mai la completezza drammatica né la modernità che rende tanto affascinanti le donne, attraverso le quali Verdi sviluppa idee vocali innovative. Amneris, per esempio: a volte Verdi la tratta come un soprano drammatico, poi le impone tessiture centrali quasi da contralto, e altrove è mezzosoprano.

È il ruolo più difficile dell'opera?

Dal punto di vista vocale sì. Esige un mezzosoprano con un'estensione vocale molto ampia. Certo, la voce da *Heldentenor* che ci vuole per Radames è ormai quasi impossibile da trovare: deve fare dei *pianissimi*, dei *diminuendo*, non solo in *Celeste Aida*, con il famoso *Il trono vicino al sol*, ma in tutto il finale dell'opera, che è appunto in mano al tenore, il quale deve sussurrare le ultime frasi. È difficile trovare voci idonee a questo tipo di scrittura.

Considera Aida *un'opera imparentabile ad altre di Verdi?*

È unica: non riesco a vederla collegabile ad altre. La componente esotica, l'Egitto sognato e fantasticato, imponeva a Verdi una ricerca nuova, di teatralità diversa. Specialmente venendo dalla drammaturgia e dalla cupezza di *Don Carlo*. Qui, anche nella strumentazione, c'è una rarefazione che non riconosco in *Don Carlo*, forse l'opera verdiana più nera, quella in cui tutto converge nel grave. Non solo nella scena tra Filippo e il Grande Inquisitore, ma ovunque, la cupezza e il suono scuro sono l'identità timbrica dell'orchestra. Con *Aida* invece tutto si schiarisce e prende luce. Una luce che a volte si fa morbida, crepuscolare.

È molto difficile vedere un' Aida *teatralmente interessante. L'opera troppo spesso si è prestata ad allestimenti turistici, meramente funzionali a grandi spazi all'aperto. Non crede che sia da rivendicarne l'aspetto intimista?*

Certo: è un aspetto fortissimo, pur se molto sottovalutato. *Aida* è un'opera dominata dal senso di solitudine imperioso, schiacciante dei personaggi. Non solo di Radames e di Aida, protagonisti di amori disperati. Le vittime non stanno soltanto dalla parte del popolo afflitto, di coloro che subiscono una certa situazione politica. In *Aida* la solitudine vive anche nel cuore di chi regna. È il sentimento centrale, il nucleo dell'opera.

Franco Zeffirelli

Tra le molte passioni che lo invadono, Franco Zeffirelli ne nutre una particolarmente fertile e longeva per *Aida*: «Opera segreta, da svelare al di là delle convenzioni esecutive. Storia di sentimenti, palpiti, frizioni, opposizioni, sofferenze, nostalgie e dolcezze. Ha un colore soave, altro che faraonico, da riscoprire in tutta la sua poesia».

Regista di vena romantica, Zeffirelli è innamorato dell'opera lirica per vocazione solida («devo a Verdi e a Puccini le massime consolazioni della mia vita»), e ha firmato innumerevoli messe in scena operistiche di preziosismo figurativo estremo (celebri la sua *Traviata* con la Callas e la sua *Lucia di Lammermoor* con la Sutherland). A Busseto aprì le celebrazioni dell'anniversario verdiano del 2001 con un'*Aida* che sognava da molto tempo: una versione spazialmente piccola e discreta, «strappata a quella che ho sentito sempre come una condanna di quest'opera: la sua monumentalità, nociva e disturbante per la bellezza della musica. Ci sono momenti musicalmente preziosi che in molte esecuzioni vengono schiacciati come moscerini. Per questo decisi di fare un'*Aida* completamente diversa dalle mie altre messe in scena di questo titolo». Si pensa spesso a Zeffirelli come a un regista di lirica fastoso, iperbolico, smisurato, soffocante di ori e orpelli... Quell'*Aida* fu tutt'altro: decisamente intimistica. Un controsenso inaspettato, e assai riuscito, nell'ambito del teatro zeffirelliano.

Zeffirelli, quante Aide *ha messo in scena?*

Tante, e tutte piuttosto significative. La prima fu nel '63 alla Scala,

con i costumi di Lila De Nobili, Gavazzeni che dirigeva e un cast eccezionale, con Leontyne Price, Fiorenza Cossotto e Carlo Bergonzi. Ripresi lo spettacolo all'Opera di Roma per l'apertura della stagione '93-'94, con Cresci sovrintendente e Menotti direttore artistico. Nel 2006 ho aperto la stagione della Scala con una nuova *Aida*, diretta musicalmente da Riccardo Chailly, e nel febbraio del 2012 la Scala ha rimontato il mio primo allestimento del '63. Ho montato un'altra *Aida* a Tokyo, nel 1998, per l'inaugurazione del Teatro Imperiale, e nel 2002 ho dedicato una regia di *Aida* allo spazio impressionante dell'Arena di Verona, ripresa più volte fino al 2010. Ma l'*Aida* che mi è rimasta di più nel cuore è quella piccolina realizzata per Busseto, che debuttò il 27 gennaio 2001, giorno dell'anniversario della morte di Verdi, e che nel 2004 è stata presentata pure a Mosca. In realtà l'idea di un'edizione diversa, non trionfalistica, risale a parecchi anni prima: volevo fare un'*Aida* minuta per l'Opera di Vienna insieme a Lenny Bernstein. Pensavo all'opera vista tutta dal punto di vista della schiavetta, e Bernstein era entusiasta di quel progetto, poi tramontato.

Cosa la indusse a riprenderlo?

L'invito della Fondazione Toscanini, che mi chiese di mettere in scena un'opera verdiana nel bellissimo teatrino di Busseto. Toscanini era molto affezionato a questo spazio stupendo e di dimensioni ridottissime, tanto che lo fece restaurare, vi mise il golfo mistico e vi diresse prima *Falstaff* e poi *La Traviata*. Nella primavera del 2001 Muti vi ha portato il *Falstaff*, e nel 2002 io vi sarei tornato per allestire una *Traviata* con Placido Domingo sul podio come direttore d'orchestra.

Perché fare una piccola Aida *per un teatro piccolissimo? Perché stringere al minimo le dimensioni di un'opera popolare anche o soprattutto grazie al suo impianto sontuoso?*

In realtà il trionfalismo è un momento: quello, appunto, della scena del trionfo. È vero che lungo l'opera scorrono templi, eserciti egiziani, cortei di armati e prigionieri, cerimonie di propiziazione e di preghiera. Ma niente è così ingombrante ed eclatante come la scena del trionfo. Isolandola dal contesto, l'opera mostra il suo volto più autentico.

Quale?

Per identificarlo basta seguire il cammino culturale, mentale, creativo e anche affettivo dell'autore. Verdi sa dirci sempre in che direzione bisogna muoversi, e lo dice con i preludi e le sinfonie. Per esempio *La Traviata*: opera nuova, con la sua storia di una prostituta di Parigi che va a feste e balli e infine muore. Ci si aspetta che cominci con brillantezza parigina, tipo *gaîté parisienne*? Niente affatto. Parte con un preludio di archi assolutamente emblematico di una creatura che muore di tubercolosi. Direi, anzi, che Verdi ha creato l'aura musicale della tubercolosi. Poi, nella musica, si sente come una ferita, una rottura di speranza, con la grande frase musicale di *Amami Alfredo*, prima di tornare al clima della tisi. Nei *Vespri siciliani* la sinfonia è eroica: esprime passione, vendetta, guerra, rivalsa… E lo stesso accade nella sinfonia della *Forza del destino*. E anche nel *Rigoletto*, come nel *Trovatore*, le introduzioni danno il colore del tutto. Sono segnali precisi, dai quali non si può prescindere. In ogni opera Verdi indirizza il pubblico verso qualcosa che sta per narrargli, gli indica la disposizione mentale da adottare.

Ora, qual è il colore di *Aida*? Non certamente il trionfalismo. L'inizio già prefigura le dimensioni intimistiche e tragiche dell'opera, con un pianissimo di archi che sembra giungere dal passato, come un fantasma remoto che si ricompone: Verdi ci sta accompagnando alle foci del Nilo, in Etiopia, nella terra lontana della schiava Aida. Dal Nilo si arriva a Menfi, dove il tono diventa più pomposo. Poi però si torna al pianissimo degli archi. E c'è l'aria di uscita del tenore: *Celeste Aida*. Dev'essere trionfale? No! È il trasognamento di un giovane militare dilaniato fra la sua ambizione a far carriera e l'amore strano, curioso, che nutre per quella piccola schiava nera intravista a corte. Modesta, bella, tenerissima. In realtà *Celeste Aida*, considerata un'aria eroica, non è che una serenata. È vero che dice: *Se quel guerriero io fossi!* Ma non è che il sogno di un ragazzo che fantastica in nome della fanciulla di cui è innamorato: *Un esercito di prodi da me guidato… e la vittoria e il plauso di Menfi tutta! E a te, mia dolce Aida, tornar di lauri cinto… Dirti: per te ho pugnato e per te ho vinto!* Poi eccoci davanti a una situazione a tre: il bel Radames, capitano ambizioso, la principessa Amneris, innamorata pazza di lui e molto immatura, come una specie di

Sissi, e la giovane schiava etiope. Tre giovani in preda ai sentimenti. Altro che pregiatissimi cantanti tromboneschi.

Partì da questa prospettiva per concepire la sua minuscola Aida?

Il lavoro nacque da un laboratorio di giovani cantanti, tutti debuttanti, con due cast che si alternavano nelle recite e un giovane direttore sul podio, Massimiliano Stefanelli. Non provammo alcuna nostalgia di un grande spazio. Ovviamente, a Busseto certe cose non si potevano fare, i balli per esempio. La marcia c'era, ma solo la prima parte, quella famosa dove Verdi utilizza anche delle trombe egiziane. Tutta la marcia sacra che viene dopo, il grande concertato, venne eliminata. Ci furono insomma degli aggiustamenti e degli snellimenti.

Non pensa che la scena del trionfo abbia una sua logica all'interno dell'opera?

All'epoca tutte le opere avevano un finale del secondo atto clamoroso e spettacolare: pensi anche al *Don Carlo* e alla *Traviata*. Ed è una convenzione che permane tuttora nel teatro di prosa. Ma questo non deve condizionare il resto. E poi è nel terzo atto di *Aida* che arriva la musica più bella. I sentimenti incalzano: Radames non può rifiutare le nozze con la figlia del faraone e Amneris, alla vigilia della cerimonia, va a pregare nel tempio. Aida è disperata e canta: *Qui Radames verrà*. E Radames vive una tragedia: è un vincitore che ha meritato la mano della figlia del faraone, di cui diventerà il successore al trono d'Egitto, ma è dilaniato dall'amore per quella fanciullina. Aida va fatta piccola anche vocalmente: leggera, tutta espressione. È una creatura indifesa, è la vittima designata. Con il cuore che trabocca d'improbabile amore verso un uomo che diventerà faraone, e che è promesso a una sua amica. Le donne, in Verdi, sono sempre lacerate da un problema, pensi anche all'Amelia del *Ballo in maschera*. Sono prede dei moti del cuore, e nessuno come Verdi sa comunicarceli. Lo fa anche, molto intensamente, nella storia meravigliosa e straziante di *Aida*, che solo sbagliate convenzioni esecutive hanno gonfiato e appesantito. Non a caso l'opera si conclude con un pianissimo d'archi: è come contenuta tutta in un lungo arco struggente.

È l'essenza di questo «struggimento» che volle segnalare nella sua Aida *in formato ridotto creata a Busseto?*

L'essenza, appunto. Proprio una situazione di fondo, di quelle che possono essere semplificate nei resoconti che si fanno le massaie la mattina a proposito del film visto la sera prima: lei è nera, lui è bianco, lei è una povera schiava innocente che diventa amica della principessa, lui è un giovanotto arrivista che dovrebbe addirittura sposare la principessa, lui però è innamorato di Aida, poi interviene il padre di Aida, lei tradisce il suo amore per ragion di stato e di sangue, ne decide la rovina e i due innamorati finiscono per morire insieme, fianco a fianco, come Romeo e Giulietta. Bisogna prosciugare, disegnare una drammaturgia di base.

Come reputa la qualità dei libretti di Verdi? Vogliamo ammettere che quello scritto da Antonio Ghislanzoni per Aida *ha dei passaggi imbarazzanti dal punto di vista letterario?*

Celeste Aida, forma divina/ Mistico serto di luce e fior,/ Del mio pensiero tu sei regina,/ Tu di mia vita sei lo splendor. Sì, capisco cosa intende. Ma tutto ciò è funzionale, e poi possiede il piglio di quell'epoca. Anche per questo non si può fare una messa in scena moderna, reinventandosi, che so, l'Egitto con i carri armati e con le jeep. Ma il libretto scritto da Piave per *La Traviata* non è forse bellissimo? E i libretti di Boito? Certo, sono piuttosto arzigogolati, ma solo un grande compositore come Boito avrebbe potuto crearli. Musicista e uomo di lettere, Boito ha saputo mettersi al servizio di Verdi, per il quale ha scritto libretti molto più belli che per se stesso. Quelli di *Falstaff* e *Otello* valgono tanto di più del testo dell'opera *Mefistofele*, di cui Boito firmò musica e libretto.

Qual è, in generale, la sua visione della teatralità di Verdi?

Avendo a che fare con le opere di Verdi è più facile far bene che sbagliare. Verdi ci guida e va seguito. Con la sua musica ci dice ovunque: qui voglio questo colore, qui voglio quest'accento, qui voglio quest'atmosfera. Perciò odio le stramberie ingiustificate di tanti miei colleghi. I cosiddetti aggiornamenti sono quasi sempre dei tradimenti. È vero, un'opera arriva dal passato. Ma ogni volta che la rimettiamo in scena prende vita, proprio come se fosse stata scritta il giorno prima. La rappresentazione dell'opera succede: è il suo fascino. Non è come contemplare un quadro, dentro una cornice, in un'immagine fissa. Quando s'alza il sipario il dramma vive, il sangue scorre, le passioni avvampano, l'orchestra suona, gli interpreti cantano... In quel momento la creazione si rinnova. Compito del regista è trovare un linguaggio per trasmettere al pubblico quell'accadimento vivo. Ma senza bisogno di stravolgimenti culturali, che generalmente sono buffonate: per servire un'ideuzza sconquassano un insieme. E lo spostamento di date nell'ambientazione è inaccettabile. Che senso ha riambientare *Il Trovatore* all'epoca degli Asburgo, come hanno fatto al Metropolitan di New York? O pretendere che *Rigoletto* si svolga tra i gangster a Little Italy negli anni di Al Capone, come accade nella versione di Jonathan Miller? Forzature inutili, che non hanno alcuna ragione d'essere.

Aida diretta da Franco Zeffirelli, Teatro dell'Opera, Roma, 1993.

L'opera

«Nell'*Aida* vi è più mordente e più (perdonate la parola) *teatralità*» (rispetto a *Don Carlo*, ndr), scrisse Verdi. Sostenere che in questi quattro atti (tranne il terzo sempre divisi in due, alternando ambientazioni di luce o di fasto, e di ombra e morte) in cui si alternano forme chiuse tradizionali, numeri d'insieme singoli e collettivi, danze, cori e generose pennellate di esotismo ci siano qualità che (forse) difettano a *Don Carlo* è un modo per dirci che con *Aida* non bisogna lasciarsi distrarre dalle apparenze. Anche se è la partitura più eterogenea – un vero grand-opéra – e apparentemente disunita di Verdi.

Il soggetto ebbe quattro pretendenti come «autori», un ritrovamento archeologico come riferimento d'attualità e un librettista vero, Antonio Ghislanzoni (che con Verdi aveva già collaborato per la revisione di *Forza del destino*), dalla cui penna uscirono i versi definitivi. Le immagini profumate o poeticamente colorate («celeste Aida», «cieli azzurri», le olezzanti «foreste imbalsamate» etiopi) divennero ben presto proverbiali. Mentre per il suo colore locale Verdi aveva inventato e «rubato»: citando canti di strada padani e napoletani, come per le melopee a Osiride. Quando Aida fu concepita, l'Egitto era un «Paese molto lontano», scrisse Verdi che rinunciò a presenziare alla prima all'Opera del Cairo) ma per merito della partitura costruita sull'esotismo, la storia del giovane comandante concupito invano dalla figlia del faraone ma amante riamato della schiava etiope (diversa anche nella pelle; seppure ignota figlia di re) che insieme a lei muore sepolto vivo per decreto dei sacerdoti (uomini senz'anima e simbolo dell'eterna contrapposizione tra cuore e leggi), e quell'oriente in riva al Nilo che trepida di passione e profuma di notti amorose furono subito popolari. Da quando le vicende dell'eroica e infelice schiava di sangue reale fu regalata o meglio acquistata – il cachet verdiano non fu un saldo: 150.000 franchi «pagabili a Parigi dalla Banca Rothschild, al momento in cui verrà consegnato lo spartito» – dal Chedivè Ismail Pascià d'Egitto, per coronare le solenni celebrazioni per l'apertura del Canale di Suez (17 novembre 1869), *Aida* è sinonimo di sceneggiatura esotica in cui le «solite» forti passioni individuali e ragion di Stato si scontrano drammaticamente, fino a che la musica insinuante dei sentimenti (e di antichi riti pagani) è soffocata da terribili melodie gregorianeggianti e dalle granitiche sonorità di un potere senza pietà.

Aida cominciò a esistere il 26 maggio 1870 quando Verdi lesse il testo dell'egittologo Auguste Mariette ispirato al ritrovamento e all'apertura della tomba di un sepolto vivo. A capo della missione archeologica voluta da

Napoleone III, Mariette aveva stretto relazioni amichevoli col Pascià, uomo di grande cultura e gusto teatrale cui la scoperta ispirò un abbozzo di storia: quella tragica di Aida e Radames che l'archeologo aveva allegato nello scritto al compositore. Il 2 giugno l'«affare d'Egitto» era già avviato: Verdi dettò le condizioni economiche e scelse il giovane librettista raccomandato dall'editore Ricordi. Previsto nel gennaio 1871, l'esordio fu rimandato al 24 dicembre (la guerra franco-prussiana aveva isolato Parigi impedendo la spedizione di scene e costumi curati da Mariette) e l'autore ebbe tempo per rifinire testo e musica (le danze furono pronte per la prima parigina del 1880), di approfondire le conoscenze egittologiche e di sovrintendere (con severità e molte recriminazioni) alla formazione dei cast per la prima assoluta al Cairo diretta da Giovanni Bottesini e per la prima italiana (Scala, 8 febbraio 1872) che sarà affidata a Franco Faccio.

MESSA DA REQUIEM

Antonio Pappano

La *Messa da Requiem* di Verdi ha una drammaticità strutturale così evidente che potrebbe farsi considerare come un'opera lirica, e sono in molti a vederla così. Capolavoro tra i più amati di Verdi, viene continuamente affrontato con ammirazione dai direttori d'orchestra fedeli al repertorio del melodramma italiano. Chi ama Verdi non può prescindere da questo pezzo monumentale e sublime, eseguito per la prima volta nel 1874 a Milano e composto per celebrare il primo anniversario della morte di Manzoni.

Il direttore d'orchestra anglo-italiano Antonio Pappano (i suoi genitori di origini beneventane emigrarono in Inghilterra, dov'egli è nato nel 1959) è un musicista devotissimo a Verdi, al quale si è sempre avvicinato sospinto da un culto esatto dell'analisi e da una fervida passionalità «latina». Questo Maestro esperto e generoso, dotato di una personalità musicale straordinariamente empatica, è attivissimo in Europa da molto tempo. Iniziò da giovane a lavorare come assistente di Daniel Barenboim a Bayreuth, prima di avviare una formidabile carriera internazionale. Lungo tale percorso, «Tony» Pappano è stato tra l'altro direttore musicale del Théâtre de la Monnaie di Bruxelles, dove si è consolidata la sua esperienza direttoriale in campo operistico. Oggi che è uno dei musicisti più applauditi del mondo divide le sue energie tra Londra, dove guida la Royal Opera House Covent Garden, e Roma, dove dirige l'orchestra dell'Accademia Nazionale di Santa Cecilia, con esiti di grande successo anche oltreconfine.

Il suo disco del *Requiem* di Verdi, registrato per la Emi dal vivo nel gennaio del 2009 a Roma, con l'orchestra e il coro ceciliani e quattro eccellenti solisti (Anja Harteros, Sonia Ganassi, Rolando Villazón e René Pape), rappresenta un'incisione di riferimento di questo brano, ed è stata riconosciuta come tale da vari premi prestigiosi, tra cui il Bbc Music Magazine Award.

Maestro Pappano, possiamo segnalare il Requiem *di Verdi, strutturalmente, come un'opera lirica?*

Ovviamente Verdi viene visto sempre come un compositore d'opera: non riesce a sfuggire a tale definizione. Ma io non credo che il *Requiem*, con la sua scrittura tanto variata, colorata e contrastata, possa considerarsi come un melodramma. I suoi solisti non sono «personaggi», ma creature integrate nella nostra vita. Ciò permette a Verdi di uscire da ogni psicologia teatrale. È vero che lo stile di scrittura corale e solistica, per certi versi, risulta operistico. Però c'è qualcosa di molto strumentale nella scrittura che il compositore, nel *Requiem*, ha destinato ai solisti. Le melodie create per loro potrebbero essere eseguite anche dall'oboe, dal clarinetto o dal violino. Verdi, in questa composizione, fa un enorme passo verso la spiritualità, liberandosi quasi sempre da ogni aspetto declamatorio. L'ultimo tempo, il *Libera Me*, per soprano e coro, comincia con un gesto orchestrale e vocale quasi operistico. Ma per il resto tutto, in questo pezzo, è una riflessione sull'essenza dell'umano.

Intende dire che i cantanti, nel Requiem, *non sono mai «caratteri», bensì «persone»?*

Sì. E infatti Verdi ce li presenta senza alcun nome. È come se volesse farci entrare nel proprio spirito, eliminando la consueta mediazione dei ruoli. Inoltre bisogna aggiungere che il testo latino della *Messa da Requiem* è drammatico di per sé, al di là della musica verdiana. Lo dimostra l'uso che ne fece anche Mozart. Contiene le problematiche del nostro mondo, con tutti i timori e le minacce che ci assediano. Ha una forza atemporale che s'applica perfettamente alla nostra epoca con le sue catastrofi, le sue guerre, i suoi grattacieli che cadono...

Si può affermare che il Requiem *testimonia il complicato rapporto di Verdi con la religione?*

Verdi, qui, volle dare una risposta molto personale e drammatica al testo della messa in latino, proiettando con efficacia la paura umana dell'inconoscibile e della morte. In questo capolavoro è vivo e riconoscibile il senso della paura. Paura intesa come rispetto del Signore. Paura del giudizio di Dio. Paura della morte eterna, che è una metafora della fine del mondo. Il problema di Verdi non era la religione in sé, ma la religiosità organizzata e la gerarchia ecclesiastica. Non accettava la Chiesa come potere politico, ma aveva una spiritualità profonda e consapevole, come dimostra specialmente la scrittura verdiana realizzata per il coro, dove si esprime più che mai quel che significa essere al cospetto della morte, che si sia credenti o non credenti.

Appaiono numerose le indicazioni espressive date da Verdi in partitura. Come porsi di fronte ad esse provando a rispettarle? Vanno prese alla lettera oppure no?

Tutti i direttori sostengono di voler essere fedelissimi alla partitura e alle indicazioni dell'autore. Ma ogni cosa è «mobile» e opinabile, tanto è vero che sono numerosissime le differenze esecutive tra i vari interpreti. Facciamo l'esempio del pianissimo dei violoncelli, all'inizio. È un sussurro? O è l'avvio di un grande pezzo corale? Dev'essere percepibile oppure no? Io cerco l'effetto di un mormorio che giunge da lontano, però sentito (!), mentre il coro entra sottovoce. Ma bisogna decidere a che punto il coro diventa inudibile o timbricamente troppo chiaro. Riguardo allo sviluppo del tempo, molto dipende anche dal numero dei coristi. Devono essere quaranta o centoventi? Nell'esecuzione di Roma ce ne sono stati tra gli ottanta e i novanta. E molto può dipendere dalla qualità dei solisti. È un quartetto di voci lirico o drammatico? Secondo me dev'essere lirico pieno, cioè lirico verdiano. Nella prima frase per tenore, con il *Kyrie eleison*, si trova scritto: «animando un poco». Il tenore prende un respiro dopo il *Kyrie* o no? Io cerco di non farlo prendere. Entrano la voce del basso e poi quella del soprano, e il soprano poggia due accenti sulle prime due note. Quando ripete la parola «eleison», appare indicato da Verdi «largo» e «pesante». Questa è una chiave per dare un'enfasi particolare al soprano. Sono dettagli che vanno vagliati uno per uno... Tanti sono gli interrogativi.

C'è qualcosa di effettistico nel Requiem? *Il brano punta, in certi momenti, su spettacolari «fortissimi». Basti pensare al* Dies Irae.

Ma il *Dies Irae* è il giorno dell'ira! Dev'essere quindi un'esplosione. Di nuovo cito il *Requiem* di Mozart. Il potente suono orchestrale, in Verdi, è caratterizzato da secchi e profondi colpi della percussione in controtempo. L'andamento è travolgente e pare sollecitato da un'energia concitata ma anche regolare. La violenza espressiva nasce da una geniale immaginazione visionaria. Nel *Requiem*, però, compaiono anche i «pianississimi». Verdi indica a volte due p («pp») e a volte addirittura tre («ppp»). Lo fa, per esempio, nell'intervento del tenore sull'*Ingemisco*. Qui è terribilmente arduo passare dal fortissimo al pianissimo. Alla fine del primo numero, *Kyrie eleison, Christe eleison*, c'è un'indicazione di tre p che è difficilissimo realizzare, per ragioni vocali e tecniche e per la massa di gente utilizzata. Le intenzioni di Verdi sono spesso misteriose. Ma è chiaro che con tre p egli richiede a Dio dolcezza nel perdono. L'aria del tenore è molto pastorale: dolce con calma, dolce morendo, dolcissimo morendo... Non tutti i tenori riescono ad avere quest'approccio: le voci più pesanti fanno fatica a rispettarlo. Altra cosa da segnalare: nel recitativo dell'aria *Ingemisco tamquam reus*, Verdi inserisce dei puntini che in alcune interpretazioni non si sentono affatto. Corrispondono a una supplica che, secondo me, dovrebbe esprimere una colpevolezza priva di sentimentalismi. Il tenore è solo con se stesso e con la propria necessità di piangere e di provare una forma di contrizione interiore.

Cosa dice, Maestro, del passaggio commovente del Lacrimosa? *Ha un andamento che ricorda certe antiche processioni popolari o addirittura il suono delle bande.*

Le indicazioni espressive di Verdi ci parlano di un pianto «largo» e «lamentoso», il che ha a che fare con la sonorità della banda. Non deve, però, risuonare in modo esplicitamente bandistico. Deve darci piuttosto l'idea del vecchio accompagnamento italiano e della tradizione della marcia funebre. L'accento è molto importante nella scrittura verdiana. Quando il basso canta dopo il mezzosoprano, lei continua a cantare parole spezzate e con una sorta di monotonia che è quasi un lamento molto suggestivo, doppiato dall'oboe e clarinetto. Il pianto, qui, è manifestazione di consapevolezza e di liberazione. La scrittura è cupa e scura, ma quando intervengono il coro e il soprano tutta l'orchestra vola nella stratosfera, e le tonalità basse sembrano essere svanite per sempre. Ora sono gli angeli a parlare. Verdi è così: ha la capacità di guidare il nostro orecchio ai massimi estremi della tessitura, facendolo passare dall'abisso al paradiso.

Quali sono le insidie più spiccate del Requiem, *per chi lo interpreta?*
Sono rischiosissime le parti a cappella eseguite dai solisti. Vi sono passaggi nei quali cantano senza accompagnamento, scoperti. La scrittura armonica è talmente sofisticata e complessa che per l'intonazione è un incubo. È un omaggio a Palestrina e ai compositori della tradizione rinascimentale. Per questo i quattro cantanti devono essere superlativi.

Ci sono parti per lei particolarmente belle da dirigere?
Procedere dal *Dies Irae*, il secondo numero, per arrivare al termine del *Lacrimosa* è un viaggio lungo e affascinante, molto vario, che attraversa pezzi corali e solistici, trii e duetti. Quando si approda al *Lacrimosa* pare di essere giunti alla fine dell'intero brano, e quest'arco è architettonicamente stupendo. Se il tenore ha facilità per la mezzavoce, è molto singolare, per assoluta purezza, l'*Hostias et preces* dell'Offertorio. Le dieci battute in cui il cantante resta da solo in questa semplicissima preghiera sono meravigliose, ma egli deve avere la capacità di cogliere l'attimo e di fermarsi in tempo.

Pause e silenzi costellano il Requiem *come soste di riposo e riflessione lungo un itinerario ricco di pensieri ed emozioni. È d'accordo?*
Le pause e i silenzi sono importanti in tutti i brani musicali. Nel *Requiem* penso soprattutto al momento dell'*et timeo*, quasi angelico,

che prevede una pausa lunga prima dell'ultima comparsa del *Dies Irae*. È una sosta di grande effetto drammatico, quasi operistico. Il silenzio è pieno, il rischio è molto alto. Per questo in tanti non la fanno. Io penso che vada fatta, ma se la si prolunga troppo si rovina l'effetto. Interessante è anche il pianissimo, talmente sussurrato da essere vicino al silenzio, di *Judex ergo cum sedebit*, eseguito dal mezzosoprano. Fino a *Nil inultum remanebit* canta sempre più piano, diventando quasi un sussurro. Poi c'è una pausa di una battura intera che viene interrotta da un fortissimo. Verdi sapeva andare magistralmente dallo zero al massimo.

L'accordo in Do maggiore che conclude il Requiem *esprime luce e gioia, ma sembra coprirsi di una coltre scura. È la tonalità del dubbio?*

Forse. Tutta l'orchestra suona il più piano possibile. La tuba suona un profondo Do, e i quattro fagotti restituiscono il particolare colore brunito che emerge da questa partitura, e che è lo stesso usato da Verdi in *Don Carlo* e in *Otello*. Secondo me il segreto di quest'accordo sono i flauti in Mi grave, che danno una tinta polverosa all'orchestra. È quasi un soffio, è come un ultimo respiro.

Antonio Pappano dirige la *Messa da Requiem*
all'Accademia Nazionale di Santa Cecilia, Roma, 2009.

L'opera

Le radici della verdiana *Messa da Requiem* affondano nel progetto celebrativo di cui il compositore si fece promotore con l'Editore Ricordi, alcuni giorni dopo la scomparsa di Gioachino Rossini (13 novembre 1868): «Ad onorare la memoria di Rossini vorrei che i più distinti maestri italiani (Mercadante a capo, e fosse anche per poche battute) componessero una Messa da Requiem da eseguirsi nell'anniversario della sua morte». Il progetto piacque, le adesioni non mancarono, ma la realizzazione pratica si dimostrò impossibile: la *Messa a Rossini*, come fu definita in altra lettera da Verdi, fu eseguita la prima volta nel 1988 *(!)*. Vista l'impossibilità esecutiva, Verdi fu il primo a ritirarsi in buon ordine, pur avendo scritto il numero a lui affidato: l'ultimo, il *Libera me*. Nei mesi delle trionfali riproposte italiane di *Aida*, il compositore pensava di aver concluso la carriera di operista e sull'esempio rossiniano aveva manifestato l'intenzione di occuparsi di generi diversi (nacque infatti il *Quartetto per archi*). Il 22 maggio 1873 morì Alessandro Manzoni, figura amata e ammirata: «L'unico Santo del suo calendario» (Massimo Mila). Il 23 Verdi scrisse a Ricordi: «Sono profondamente addolorato della morte del nostro Grande! Verrò tra breve per visitarne la tomba, solo e senza essere visto e forse (dopo ulteriore riflessione, e dopo aver pesato le mie forze), per proporre cosa ad onorarne la memoria. Tenete il segreto...»

Il 3 giugno, soddisfatto il voto solitario al Cimitero Monumentale, Verdi si rifece vivo con Ricordi da Sant'Agata: «Vorrei mettere in musica una Messa da morto da eseguirsi l'anno venturo per l'anniversario della sua morte. La Messa avrebbe proporzioni piuttosto vaste, ed oltre ad una grande orchestra e un grande coro, ci vorrebbero anche (ora non potrei precisarlo) quattro o cinque cantanti principali. La copiatura della musica la farei a spese mie, ed io stesso dirigerei l'esecuzione tanto alle prove che in chiesa». E al sindaco di Milano Giulio Bellinzaghi, il 6, scrisse: «Non mi si devono ringraziamenti; è un impulso, o dirò meglio, un bisogno del cuore che mi spinge a onorare, per quanto posso, questo Grande che ho tanto stimato come Scrittore, e venerato come Uomo, modello di virtù e patriottismo!».

Le date fanno capire che Verdi aveva compositivamente «profetizzato» l'infausto ma non prematuro decesso (del resto, il poeta aveva ottantaquattro anni) o perlomeno aveva portato avanti l'idea di un *Requiem* (già il 21 aprile 1873, ad esempio, aveva richiesto il suo autografo del *Libera me*). Completata il 10 aprile 1874, la *Messa da Requiem* fu ascoltata per la prima volta il 25 maggio 1874 nella Chiesa di San Marco. Sotto la direzione di Verdi cantarono Teresa Stolz, Maria Waldmann, Giuseppe Capponi, Ormondo Maini (ossia tre quarti del cast dell'*Aida* scaligera), accompagnati da duecentotrenta tra professori d'orchestra e del coro, tra le cui file «avevano preso posto molti dei più celebri suonatori e cantanti italiani». Il successo travolgente fu replicato in tutte le altre capitali europee (a partire da Parigi) in cui sarà poi eseguita, sempre sotto la direzione di Verdi.

Da quella trionfale serata iniziò la serie delle discussioni: in disputa c'era la religiosità dell'aconfessionale Verdi, la melodrammaticità profana del *Requiem*, l'opportunità di alcune espressioni poco raccolte, più mondane che liturgiche, e altre osservazioni che non intaccarono la scorza autentica del lavoro. In quest'opera l'autore in realtà celebrò e riassunse la sua magistrale arte e in pratica ripercorse l'evoluzione del rapporto tra musica e l'incisiva parola della liturgia funebre, uno dei pochi «libretti» sui cui Verdi non poté esercitare il consueto controllo letterario e drammatico. Il testo interpretato con libertà espressiva ispirò una musica spettacolare e spirituale, plastica e misteriosa, carica di brividi e di trepidazione. L'uomo e la morte: puro teatro musicale dell'anima.

SIMON BOCCANEGRA

Claudio Abbado

Maestro tra i più intensamente verdiani del nostro tempo, Claudio Abbado ha rilanciato e contribuito a far comprendere l'opera di Verdi *Simon Boccanegra* più di qualsiasi altro interprete. Il grande direttore d'orchestra offrì un'edizione scaligera del *Simone* memorabile, quasi mitica, nel 1971, accanto al regista Giorgio Strehler. È poi tornato a dirigere il suo titolo verdiano d'elezione a Salisburgo, nell'ambito del Festival di Pasqua del 2000, dal podio dei formidabili Berliner Philharmoniker e con la regia del tedesco Peter Stein. L'intervista che segue è stata realizzata in occasione di quell'allestimento salisburghese.

Maestro Abbado, cos'è cambiato nel suo approccio a un'opera che fu lei a illuminare di successo negli anni Settanta?

Al *Simone* sono molto legato, perché è stata una delle prime opere che ho affrontato con Strehler, dopo il *Don Carlo*. Così, ho avuto la possibilità di approfondirne la conoscenza, di capirne gli aspetti più validi e di scoprirne le enormi ricchezze. Sono passati trent'anni, e dunque c'è inevitabilmente un'evoluzione. Per esempio certi tempi d'esecuzione sono più scorrevoli e legati. Comunque è vero: *Simon Boccanegra* fu riscoperta negli anni Settanta proprio grazie a quel nostro spettacolo alla Scala, che girò il mondo facendosi applaudire a Londra, a Parigi, a Mosca, a Washington e a Vienna. Fu tra le cose più belle fatte da Strehler in campo operistico. Fino ad allora l'opera era stata considerata tra le più difficili di Verdi. Non la si eseguiva quasi mai. D'altra parte lo stesso Verdi, nelle lettere, parla dei suoi tre «malati» da curare: *Macbeth*, *Simone* e *Don Carlo*.

Quali sarebbero i «malanni» del Simone*?*

Nell'arco creativo di Verdi, *Simon Boccanegra* testimonia un travaglio molto significativo, che dimostra quanto l'autore amasse quest'opera. Esiste infatti una prima versione del 1857, su libretto di Piave, e una seconda del 1881, col libretto rielaborato da Boito, il cui apporto colto e stimolante condusse Verdi a realizzare alcune fra le pagine più appassionate del *Simone*. Sono numerose le parti aggiunte in questa seconda versione. Per esempio è tutto un mondo nuovo il giardino dell'inizio del primo atto, così com'è nuova la scena della Sala del Consiglio e il grandissimo duetto tra Simone e Fiesco, baritono e basso, nella scena della morte di Simone.

La stessa importanza data alle voci gravi si riflette nella scrittura orchestrale che, come in tutte le ultime opere di Verdi, da *Don Carlo* a *Falstaff*, è estremamente raffinata e di grande efficacia teatrale. Si pensi al momento della maledizione, intessuto sull'assolo del clarinetto basso che dialoga con la voce di Simone, dando vita a una delle pagine più innovative e profonde non solo tra le opere verdiane, ma in generale nel linguaggio del melodramma ottocentesco. Al punto da farci supporre che Verdi si sia ispirato all'aria di Marke del *Tristano*, nel finale del secondo atto, con lo splendido intervento del clarinetto basso.

Nella seconda versione la scrittura è più ricca dal punto di vista armonico, con passaggi cromatici che esprimono spesso il dolore e i sentimenti più forti. Altrettanto intense sono le parti corali nella scena del Consiglio, che ricordano la forza drammatica del *Requiem*, al quale fanno pensare anche altri aspetti dell'opera, come l'uso di strumenti fuori scena. Le illuminazioni di questi ripensamenti di notevole ampiezza avvicinano il *Simon Boccanegra* alle grandi opere dell'ultimo periodo di Verdi e la fanno annoverare tra le sue maggiori.

S'è detto spesso che è un'opera particolarmente difficile per i cantanti.

Infatti esige un cast eccezionale. È molto ardua per gli interpreti anche per la scarsezza di romanze famose, se si escludono *Il lacerato spirito* del basso e le romanze del tenore e del soprano. Questa è anche una delle ragioni della limitata circolazione dell'opera. Spesso gli interpreti preferivano ruoli assai meno importanti, purché provvisti dei popolari traguardi delle romanze, ritenuti indispensabili per conquistare il successo. Basti invece pensare che qui il protagonista ha una parte di grande rilievo che lo impegna per tutto il corso dell'opera, ma non ha neppure una romanza.

Può parlare della definizione verdiana dei vari personaggi del Simone*? Con quali risorse musicali Verdi caratterizza teatralmente i differenti ruoli?*

La musica imprime a ogni personaggio una forte caratterizzazione psicologica, nell'arco di tutta l'opera. Amelia, nella prima aria del giardino *Come in quest'ora bruna*, ci appare subito pura, nel suo legame con la natura e nell'amore per Gabriele, sul chiarore degli arpeggi appena sussurrati di ottavino, flauti e clarinetti. Nel duetto con Simone, nel quale la voce di Amelia è sostenuta dall'oboe e quella del Doge dai violoncelli, esprime invece l'amore per il padre, con il candore del ritmo di siciliana e l'orchestra che sostiene la crescente emozione suscitata dal suo racconto.

L'aria di Gabriele, *Sento avvampar nell'anima*, del secondo atto, ci mostra il suo carattere nobile e impulsivo nel contrasto tra la violenta gelosia per Simone e l'amore per Amelia. Dramma e disperazione affiorano da ogni particolare, ad esempio dalle folate impetuose dei violini che alludono alla sua tempesta interiore.

Il personaggio di Simone è portato sempre più verso l'amore per la figlia che diventa amore per l'umanità, in contrapposizione all'odio che anima gli altri personaggi, da Paolo allo stesso Fiesco. È significativo del suo carattere profondo e segnato da un grande dolore il modo in cui esprime i suoi forti sentimenti, alla fine del primo atto, sulle parole *e vò gridando pace, e vò gridando amore*: amore espresso con passione, in contrasto con il commento del coro e degli altri soli, molto intimo e commosso, con sonorità per lo più nel pianissimo.

Quando beve il veleno e butta via la coppa dicendo *perfin l'acqua del fonte è amara al labbro dell'uom che regna*, anticipa il momento che precede l'incontro con Fiesco con accordi cromatici sul pedale degli strumenti gravi. Fiesco, all'inizio, nella prima aria del prologo *Il lacerato spirito*, appare il più saggio ma anche il più amareggiato per la morte della figlia. Ma passa da quest'odio fortissimo per Simone, che comunque non arriva a fargli accettare l'infame proposta di Paolo di ucciderlo, all'amore per Amelia, la nipote, per Gabriele Adorno e, alla fine, al perdono verso lo stesso Simone.

Anche Paolo si svela subito personaggio vendicativo e sordido. La sequenza di atti drammatici che lo condurranno ad avvelenare Simone (dopo essere stato costretto a maledire se stesso, alla fine del primo atto, in *Sia maledetto*, una delle pagine più tragiche dell'opera), è già annunciata nel prologo, attraverso i due spunti vocali contrastanti che accompagnano il suo racconto: *L'atra magion*, su ampi intervalli, e *Sono i lamenti suoi*, su una sola nota accompagnata dalle figurazioni cromatiche dell'orchestra, che sembrano evocare i lamenti della prigioniera.

È lui l'unica eccezione in un'opera nella quale ciò che vince è l'amore di ogni personaggio, e soprattutto in Simone si nota una crescita che lo porta, alla fine, ad abbracciare l'umanità intera. L'estrema tensione musicale di tutta la partitura sfocia proprio in questa vittoria della pace e della tolleranza sull'odio, le incomprensioni e i rancori.

Ci sono caratteristiche della partitura del Simone *che le stanno specialmente a cuore?*

Un aspetto del *Simone* che amo sottolineare è la presenza di elementi naturalistici, talvolta onomatopeici, non frequenti nelle opere di Verdi. Dopo il prologo, la frase del clarinetto e delle viole che introduce l'aria di Amelia è intercalata dai trilli dei violini che, insieme al movimento diatonico fra oboe e clarinetto che appare più tardi, riecheggiano suoni della natura evocando la presenza di un giardino. Così pure, quando Simone si affaccia sul mare, si leva in orchestra una vibrazione che rende quasi fisicamente avvertibile il fremito della brezza mattutina; e l'immaginario moto dell'onda è per così dire ricreato anche dall'accompagnamento cromatico delle viole alla melodia dei legni e violoncelli, in un continuo alternarsi di sesta maggiore-minore che riconduce a un poetico fluire di allegria e tristezza, legata al senso che Simone ha della sua vita passata sul mare e della morte che si avvicina. Molto importante, in questa partitura, è la presenza di pause e fermate, richieste inequivocabilmente dall'autore con corone e indicazioni di pausa lunga. Penso che sia giusto rispettare le indicazioni verdiane perché questi lunghi silenzi creano respiri importanti nel discorso musicale.

Quali sono le differenze dell'impostazione registica di Peter Stein rispetto allo spettacolo del '71 di Strehler?

Strehler aveva fatto un miracolo con le luci, ed era sorprendente il prologo, dove i personaggi, proprio grazie al gioco delle luci, comparivano dal niente, all'improvviso. Meravigliose erano le due vele, quella della barca più piccola in fondo al giardino, nel primo atto, e quella più ampia che, nel momento magico, quando Simone è già morente, si alza come un grande sipario sulla vita. Stein ha dato movimento a ogni interprete e rende attore ogni cantante, costruendo tensioni sempre teatralmente interessanti tra i personaggi.

Da esperto interprete verdiano, come pensa che si sia sviluppata l'interpretazione delle opere di Verdi nel Novecento?

Rispetto alle pur grandi interpretazioni storiche, grazie alle nuove edizioni critiche sono stati messi in evidenza molti particolari importanti delle partiture verdiane. Soprattutto in questi ultimi decenni e con l'apporto degli studi più recenti, si tende a dare meno rilievo al virtuosismo delle voci e al belcanto, per mettere in risalto la coerenza e l'unità della scrittura sia vocale che orchestrale. Inoltre le nuove regie tendono a essere più attente alle indicazioni sceniche di Verdi, modellandosi con maggiore elasticità sulle esigenze e sulle scansioni della musica.

Mirella Freni

Mirella Freni parla del suo primo *Simon Boccanegra*: «Quella del '71, alla Scala, fu un'edizione leggendaria. Diretta da Claudio Abbado e con la regia di Strehler, consegnò un'opera molto trascurata dai teatri, almeno fino ad allora, a una stagione di gloriosa riscoperta. Lo spettacolo, che fu ripreso a Vienna e a Londra, nasceva da uno straordinario lavoro collettivo del direttore d'orchestra, del regista, di noi cantanti. Sono quelli che in teatro si definiscono i miracoli. Nel cast della prima, insieme a me, c'erano Gianni Raimondi, Nicolaj Ghiaurov e Piero Cappuccilli. Si lavorò in perfetta sintonia: eravamo tutti molto uniti e ben amalgamati. Erano giusti i nostri fisici e le nostre voci. Fu il mio debutto in quest'opera, ero emozionatissima. La sera dell'inaugurazione della stagione scaligera, Verdi, un'opera non sempre ben accettata dal pubblico… C'erano tutte le premesse per essere terrorizzati. Ed io lo ero».

Soprano di voce splendidamente duttile e di carriera prodigiosamente lunga e ben amministrata (è stata attiva sulle scene dalla fine degli anni Cinquanta fino ai primi anni Duemila), Mirella Freni è adorata da tutti gli appassionati di lirica per la sua vivissima intelligenza musicale. Al repertorio verdiano si accostò, con una preparazione al solito molto oculata, durante gli anni Settanta e Ottanta, guidata soprattutto da Karajan (che la diresse in *Otello*, in *Don Carlo*, in *Aida* e nel *Requiem*). Ma tutta la sua memoria del *Simon Boccanegra* è legata al felice lavoro con Abbado: «Con lui si costruisce molto, in un rapporto di profonda collaborazione. Claudio sa che la voce umana è sì uno strumento, ma non un violino che basta accordare. Un vero direttore deve avere la sensibilità di comprendere le esigenze del cantante, e Claudio ce l'ha».

Parliamo di Strehler. Con lui come lavorò?

Benissimo. Le sue soluzioni erano spesso molto intrepide, ma sempre motivate teatralmente. All'inizio del primo atto, il soprano deve cantare subito un'aria, peraltro non introdotta da alcun recitativo, *Come in quest'ora bruna*. In fondo, lontana, c'era una luce speciale, e dietro appariva una barca meravigliosa. Per me era un problema essere così distante dall'orchestra, però sentivo che l'immagine teatrale era straordinaria. Dissi a Strehler: «Proviamo, vediamo se sono in grado». In realtà, visto che la voce impiega un po' di tempo per arrivare all'orchestra, dovevo tentare di essere in anticipo sull'orchestra stessa. Tra l'altro in orchestra ci sono solo degli arpeggi, il che non aiuta. Dissi a Claudio di aiutarmi: «Finché mi sorridi vuol dire che siamo insieme e che riesco a seguirti». Lo feci, ed era giusto farlo. Perché l'impressione di quell'apparizione era fortissima, da sogno lunare. D'altra parte l'intera concezione registica di Strehler esigeva dai cantanti il rispetto di certe posizioni e di certi effetti di luce. Tutti noi sentivamo l'importanza di questa richiesta e la rispettavamo con naturalezza.

Simon Boccanegra *è considerata un'opera tra le più difficili di Verdi. È d'accordo?*

Forse fu un'opera un po' troppo avanti rispetto al suo tempo. Lo stesso Verdi non ne era convinto, tanto che volle tornarci sopra molti anni dopo la creazione. In realtà è un'opera musicalmente bellissima, con grandi pagine di forza drammatica. Solo che bisognava trovare la chiave giusta per interpretarla, e Abbado e Strehler ci riuscirono.

Quali sono le massime difficoltà del ruolo di Amelia nel Simone?

Non è facile, è pieno di salti e di passaggi strani. È bellissima la prima aria e il duetto con il padre nel primo atto. È un'opera piena di concertati e terzetti straordinari.

Ci sono affinità tra l'Amelia del Simon Boccanegra *e altre eroine verdiane?*

No, è un personaggio unico, molto introspettivo, ricco di emozione, che va fatto con stile. È un ruolo di soddisfazione enorme. Interpretarlo mi piaceva, mi emozionava profondamente. Perché in Amelia c'è qualcosa di speciale che parte da dentro.

Non trova parentele con Desdemona, un'altra figura importante del suo repertorio, e un'altra eroina verdiana che subisce il suo destino, senza determinarlo?

Forse Amelia ha qualche somiglianza con Desdemona in certe passività, nel modo di subire certi eventi. Ma entrambe hanno reazioni forti nei momenti importanti. Da bravo emiliano, Verdi sapeva bene che cos'erano gli impulsi e le passioni, e sapeva dare ai suoi personaggi un carattere battagliero nei passaggi decisivi dell'azione. Però io vedo Desdemona come sposa e moglie, mentre Amelia è soprattutto figlia. Sono motivate da due differenti tipi d'amore. Avendo perso moglie e figli, Verdi sentiva l'amore filiale e paterno con tenerezza speciale, anche se Amelia è un personaggio di figlia molto diversa dalla Gilda del *Rigoletto*.

Quali sono i ruoli verdiani che preferisce?

I più adatti a me, oltre ad Amelia, sono stati Desdemona, l'Elisabetta del *Don Carlo* e la Violetta della *Traviata*.

Simon Boccanegra *ha fama di essere un'opera ingenerosa con i cantanti, quasi priva di arie. È d'accordo?*

In effetti le arie sono *Il lacerato spirito*, per il basso, e quella del tenore, *Sento avvampar nell'anima*. Simone, il protagonista, non ha neppure un'aria. Amelia ne ha una sola ma ha vari interventi molto belli. È comunque un'opera in cui, molto più che in altre, ogni singolo cantante va sostenuto dall'equipe. Presuppone uno spirito di gruppo.

In generale, come si comporta Verdi con i soprani?

Ha fatto tante di quelle cose diverse! I ruoli del giovane Verdi sono difficilissimi: per le opere del primo Verdi, tutto di coloratura, ci sono voci più o meno adatte. Il mio è più un canto lirico legato. Opere come *Nabucco* ed *Ernani*, per esempio, esigono un altro peso vocale, molto differente dal mio. Farle equivarrebbe a una mancanza di onestà nei confronti del mio strumento. Io devo la mia carriera ai molti no che ho detto, alla mia testa dura. È come nel pugilato: ci sono categorie diverse. Non si può giocare da peso massimo se si è un peso medio.

Verdi ama la voce?

La ama, la conosce, la rispetta. La ama come strumento perché ama la musica. Per questo ha scritto cose meravigliose per tutti: tenori, bassi, baritoni, soprani, mezzosoprani.

Simon Boccanegra, Teatro alla Scala, Milano, 1971.

L'opera

Non molto eseguita né popolare fino alla «rivelazione» scaligera Abbado/Strehler/Frigerio (7 dicembre 1971), *Simon Boccanegra* è una partitura bifronte. Nata con molte ambizioni per il Teatro La Fenice (12 marzo 1857) ma non abbastanza sostenuta dalla maturità del linguaggio, rinacque in seconda stesura e fu capolavoro: «tavolo zoppo» (parole d'autore), *Boccanegra* fu rivisto in previsione del nuovo battesimo alla Scala (24 marzo 1881). Nell'occasione si poté valutare anche il primo frutto artistico dell'incontro tra Verdi e Arrigo Boito (già al lavoro sull'abbozzo di *Otello*). Così l'opera che aveva avuto una nascita molto travagliata sotto l'aspetto librettistico (la sceneggiatura di Francesco Maria Piave fu ritenuta insoddisfacente: Verdi fece rifare parti da Giuseppe Montanelli), ottenne anche un testo drammatico degno.

Ci voleva, anche se non bastò. Poiché il soggetto, tratto dall'omonimo dramma dello stesso García Gutiérrez del *Trovatore*, è tra i più difficili da sintetizzare. La vicenda ambientata a Genova, copre un lasso di tempo molto ampio. Il prologo (1339) presenta il corsaro Simon Boccanegra che, col consenso della plebe viene eletto doge, guadagnandosi il disprezzo dei nobili tra cui Jacopo Fiesco, padre di Maria, la ragazza sedotta e da cui aveva avuto una figlia (poi rapita). Mentre in città esplode la gioia per l'elezione, Boccanegra penetrato nel Palazzo dei Fieschi scopre il cadavere di Maria. Negli atti successivi (1363) il vecchio doge ritrova la figlia rapita, e con generosità consente che ella sposi il nobile Gabriele Adorno anche se il giovane, alleato con Andrea, tutore della ragazza creduta una Grimaldi (Andrea in realtà è Jacopo Fiesco), è un avversario acerrimo. Ma il subdolo Paolo Albiani (colui che un tempo aveva indirizzato i voti popolari su Boccanegra), che aspirava alla mano di Amelia, fa rapire la ragazza, quindi fa credere a Gabriele che ella è concupita dal doge e lo spinge a ucciderlo. Il suo gesto viene fermato da Amelia, che salva il padre dal pugnale ma non dal veleno dell'Albiani e muore, dopo aver liberato Fiesco e proclamato Adorno nuovo doge.

Boito intervenne su molti particolari e rifece, su consiglio di Verdi la scena finale del primo atto, inserendo la citazione delle lettere del Petrarca a favore della conciliazione tra le repubbliche marinare d'Italia. Lo spettacolare quadro d'assieme (la sommossa popolare tra patrizi e plebei placata da Boccanegra), e la toccante orazione per la cessazione delle lotte fratricide genovesi (*E vo gridando pace!*), convergono verso la terribile invettiva di padre-doge nei confronti dei rapitori della figlia.

Fin dal breve preludio, la musica del Boccanegra («triste perché dev'essere triste») suona solenne e inquieta allo stesso tempo. Il prologo, vertiginoso e tagliato in brevissime scene a due, è un capolavoro di sintesi musicale e di impiego della vocalità «parlante» che l'orchestra rende eloquente quanto mai. Gli atti, costruiti con un'affascinante varietà espressiva, definiscono un protagonista umano e generoso, ma segnato da un'amarezza privata (la morte di Maria) e pubblica (l'incapacità di far cessare le lotte fratricide), oltre che da una toccante e fiera consapevolezza della solitudine come destino dell'uomo che regna. La morte – dominata dall'umore salmastro del mare che pare esalare dall'orchestra – avviene in un clima di trasfigurata e commovente mestizia: allineata col dominante colore cupo di una partitura segnata dalle voci gravi, e intinta nel clima di veleni e sospetti della vicenda che ben si ispira alla figura e al longevo governo del primo doge popolano della storia di Genova.

OTELLO

Daniele Gatti

Se è vero che la grande musica è il luogo dell'ascolto e dell'attesa, il direttore d'orchestra Daniele Gatti riflette in pieno questa concezione, perché si è preso sempre la briga di aspettare. Di approfondire, scavare, metabolizzare. Di non bruciarsi con le false verità della fretta. Di raggiungere le sue conquiste con passo lento e saggio. Grazie a un allenamento tenace e costante, si è delineato come il «classico» Maestro di sostanza: gesto esatto, presenza carismatica sul podio, fisico da lottatore indossato con leggerezza, capacità di letture nitide e sospinte da un pensiero strutturato solidamente. Nato a Milano nel 1961, oggi Daniele Gatti conta su un prestigio mondiale indiscusso, spiccando come il direttore italiano più affermato della sua generazione. Tra le tappe della sua carriera figurano le direzioni musicali dell'Accademia Nazionale di Santa Cecilia (1992-1997) e del Teatro Comunale di Bologna (1997-2007), oltre ad incarichi internazionali di massimo prestigio: ha lavorato come Principal Guest Conductor della londinese Royal Opera House (1994-1997), Music Director della Royal Philharmonic di Londra (1996-2009) e direttore principale della Opernhaus di Zurigo (2009-2012). Dal 2008 è il direttore musicale dell'Orchestre National de France.

Giuseppe Verdi è stato nelle sue corde fin da quando era un ragazzo. Ha diretto tra l'altro il *Don Carlo* nella serata d'apertura della stagione della Scala nel 2008, e condurrà dal podio l'inaugurazione scaligera nel dicembre del 2013 con *La Traviata*. Tra le opere che ha maggiormente frequentato ci sono *Falstaff*, *Simon Boccanegra*, *Don Carlo*, *Macbeth*, *Aida* e *Rigoletto*.

Nella conversazione che segue affronta un'analisi di *Otello*, di cui ha diretto una produzione a Londra nel 2001, un'altra a Vienna nel 2006 e una terza a Zurigo nel 2011. Definisce questo titolo «un amore di gioventù, molto sondato e studiato fin dagli anni del conservatorio». Pesca in memorie ancora più lontane: «La stagione 1976-1977 della Scala fu aperta da *Otello* in una produzione leggendaria, con Carlos Kleiber sul podio, Placido Domingo come protagonista e la regia di Franco Zeffirelli. C'era la televisione in bianco e nero, e lo spettacolo venne trasmesso in diretta. Quando lo vidi ne fui completamente affascinato. Mi era difficile comprendere quella musica, ma mi catturò con immediatezza. Pur senza riuscire a penetrarne il significato, la sentivo avvincente. Mi feci regalare dai miei genitori dischi e partitura di *Otello*, e ascoltai molte volte l'incisione diretta da Karajan, con Del Monaco e la Tebaldi, pubblicata dalla Decca. Aprivo la partitura edita da Ricordi un giorno sì e un giorno no, leggevo l'opera e la suonavo al pianoforte».

Con tale bagaglio si avvicinò alla sua prima direzione di Otello*?*

In realtà ho tentato di disfarmi di tutta questa memoria... Quando ho cominciato a studiare *Otello* da professionista, ho provato fin dalla prima pagina a fare tabula rasa delle mie precedenti esperienze di ascolto e lettura. Non intendevo essere condizionato da ciò che mi suonava già nell'orecchio, senza criticità. Cercavo un approccio oggettivo. Pensavo che alcuni passaggi dovessero essere eseguiti con un certo tempo, ma studiandoli mi convinsi a adottarne uno diverso. Ogni brano musicale risuona in noi: abbiamo sempre assorbito certe letture di altri. Solo dimenticandole possiamo trovare la nostra linea interpretativa. È un atteggiamento che ho applicato a tutto il mio lavoro.

*Come fece a separare in se stesso l'*Otello *sedimentato grazie ai suoi ascolti e l'*Otello *nato dal suo personale pensiero musicale?*

Provai innanzitutto a capire com'erano scritte le parti dei personaggi. Volevo trovare le proporzioni giuste e leggere in luce l'intero testo. Girando le pagine, sapevo già perfettamente com'erano scritte, ma cercavo di far sì che risuonassero in me in maniera nuova. Puntavo a un'onestà totale verso l'opera.

Quest'approccio per così dire «vergine» a Otello *le ha suggerito alcune innovazioni rispetto ad altre interpretazioni?*

Naturalmente sì. Trovai per esempio un tempo molto mio per la scena della tempesta, che non ho cambiato mai più. M'interessava mostrarne la drammaticità della potenza interna, che non ha niente a che vedere con la rapidità. Il tempo che adotto in quella scena non è molto veloce. Un tempo più rapido sarebbe forse più spettacolare, ma rischierebbe di far perdere a quel passaggio la sua forza quasi beethoveniana. A me preme più che altro sottolinearne certi aspetti di armonia, struttura e ritmo.

Otello *è l'opera verdiana che predilige?*

In alcuni momenti mi sono sentito più attratto da altri titoli: *Falstaff*, *Don Carlo*, *Simon Boccanegra*, *Rigoletto*... Ma certamente *Otello* è un'opera interessantissima per la sua identità peculiare.

Vuole provare a spiegare quest'identità?

Con *Otello* lo stile verdiano è in una fase di profonda trasformazione. Da *Aida* sono trascorsi una quindicina d'anni, e il compositore dimostra un'ultima maturazione, nella quale si percepisce ciò che Wagner ha seminato nel territorio della musica europea. L'opera comincia con un accordo di un'undicesima di dominante che ci colpisce, ex abrupto, senza preparazione e senza una risoluzione cadenzale. Tutto ciò è molto vicino al progresso a cui era giunta l'armonia wagneriana. Con questo voglio dire che l'armonia di Verdi mostra di essere diventata più ricca e complessa. Tra *Aida* e *Otello* c'è un grande salto.

Qual è l'architettura di Otello*?*

È la prima opera di Verdi non più «a numeri». Però si può dire che sia formata «a sezioni». Vediamo il primo atto. Dura più di mezzora, ma la trama vera e propria è condensata in cinque minuti di recitativi: dal punto di vista narrativo non procede. Piuttosto punta sul tratto pittorico della scrittura e sull'importanza del coro. Questo corrisponde a una prospettiva quasi wagneriana, e sottolineo *quasi*! Le opere di Wagner hanno spesso parentesi molto ampie, dato che il compositore ha bisogno di fermarsi per spiegare in profondità gli antefatti. In *Otello* l'inizio coincide con la tempesta, attraverso la quale la nave del Moro sta per raggiungere il porto. Massiccio qui è l'intervento del coro, il che rispetta ancora la tradizione del melodramma italiano, dove l'opera, nella maggior parte dei casi, inizia appunto con parti corali. Segue un collegamento musicale che conduce a *Fuoco di gioia*, la scena in cui il popolo accende un falò e vi si riunisce attorno danzando e cantando. Ci sono poi il brindisi tra Jago e Cassio e la scena del tumulto. Il duetto tra Otello e Desdemona rappresenta la quarta parte o sezione di quest'atto. Lungo tutto ciò, l'azione procede esclusivamente nei tre recitativi che collegano le quattro sezioni. Durante il primo recitativo Jago, nella notte, comincia a tessere la sua tela di inganni, ma Verdi ritarda lo sviluppo narrativo con *Fuoco di gioia*, che è una mera pagina di colore. Viene proposta in maniera quasi cinematografica: Jago parla con Roderigo per spiegargli il suo piano, e poi l'obiettivo si sposta su una zona diversa, quella di *Fuoco di gioia*, dove si compie il rallentamento realizzato da Verdi e dal librettista Arrigo Boito. Eppure il compositore, di solito, domandava brevità e sintesi ai suoi librettisti. È una mutazione molto importante nell'ambito del suo arco drammatico, avendo egli predicato sempre brevità, parola scenica e serratezza. Invece qui il racconto si stende in isole di stasi che lasciano lo spettatore sulle spine.

Negli atti seguenti si verifica un'accelerazione?

La vicenda procede con più linearità nel secondo atto, che però è a sua volta composto da quattro sezioni «chiuse», che articolano il dinamismo della trama. E i collegamenti tra queste sezioni sono più lunghi delle sezioni stesse. Si apre con un colloquio tra Cassio e Jago, e quando quest'ultimo rimane solo canta il suo celebre *Credo* (*Credo in un Dio crudel che m'ha creato simile a sé*), che è una dichiarazione d'identità priva di sviluppo drammatico: lui ci rivela chi è. Il successivo ingresso di Otello conduce ad un breve duetto dove l'azione procede per poi fermarsi di nuovo all'apparire di Desdemona attorniata e onorata dal coro, che ne canta la dolcezza e il candore. L'azione riprende nel momento in cui Desdemona perora la causa di Cassio nei confronti di

Otello. Si giunge quindi al quartetto con l'ingresso di Emilia, moglie di Jago, che è il punto centrale dell'atto. Sull'esempio del famoso quartetto di *Rigoletto*, questo passaggio consente ai quattro personaggi di cantare simultaneamente un proprio stato d'animo preciso. È vero che il quartetto frena lo svolgersi dell'azione, ma al suo interno sviluppa la psicologia dei singoli caratteri in modo molto profondo. Segue il duetto con Jago, dopo il quale arriva il monologo di Otello *Ora e per sempre, addio...*, che è collocato quasi come una «chiusa» della scena del quartetto. Il precipitare degli eventi conduce al falso sogno di Cassio narrato da Jago. Il tarlo della gelosia ha attecchito nell'animo del Moro, come si evince dal duetto finale, che è una vera e propria apologia della vendetta di sangue.

Parliamo del terzo atto.

È fatto di pura drammaturgia, ed è l'unico suddiviso chiaramente in due scene. La prima parte è basata sul duetto tra Otello e Desdemona. È un colloquio drammatizzato, dove l'azione procede. Non è statico come quello del primo atto: è dialogico. Poi Otello rimane solo (*Dio mi potevi scagliar*), e in questo suo intensissimo monologo la drammaturgia *non* può avanzare. Qui siamo proprio nel centro formale di tutta l'opera. È un apice, un momento supremo, nel quale la solitudine e l'oppressione che definiscono il personaggio ci si propongono al punto massimo della loro forza e drammaticità. La macchinazione di Jago si sta sviluppando positivamente: tutto funziona secondo i suoi piani. Quando Otello si nasconde e Jago introduce Cassio, termina la prima grande scena. La seconda parte coincide con l'arrivo degli ambasciatori della Repubblica veneta. È una scena «pubblica» di vasto respiro, che condurrà al grande concertato conclusivo dell'atto. Viene richiesto a Otello di tornare a Venezia, ma egli, prima di congedarsi, ha ancora il tempo di accordarsi con Jago per compiere la sua vendetta. Nel concertato tutti gli stati d'animo dei personaggi principali, di quelli secondari e del coro appaiono sbalzati come in un bassorilievo. Difficile percepire all'ascolto le singole frasi, ma la mestizia che comunica la musica è sufficiente a dipingere l'atmosfera regnante in ciascuno di loro.

Arriviamo all'atto conclusivo, il quarto.

È il più breve. Il corno inglese restituisce un clima notturno e comunica tristezza. Sappiamo già come andrà a finire. Segue un breve dialogo tra Desdemona ed Emilia, culminante nella *Canzone del salice* e nella conseguente *Ave Maria*. È un inizio statico. Le poche frasi che spingono all'azione cominciano da *Era più calmo?*. Lo chiede Emilia a Desdemona. Tutto scorre nel ricordo e nei terribili presentimenti che Desdemona confessa di avere a Emilia. È l'atto più contemplativo e introverso. Poi, dall'entrata di Otello alla fine, gli eventi precipitano con una rapidità tutta verdiana.

Qualche parola sui personaggi di Otello e Jago: possenti e complementari.

Nel primo e secondo atto il deus ex machina è Jago, che ha una parte molto più rilevante drammaturgicamente. L'*Esultate!* di Otello, che irrompe in principio per poi scomparire subito, è uno straordinario biglietto da visita: in scena è entrato un mito, la cui dimensione è accresciuta da un'apparizione quasi soprannaturale. È un'incredibile trovata drammaturgica. Otello rientrerà nel terzo e ultimo collegamento prima del duetto finale, per riportare ordine quando si scatena il tumulto. Nel secondo atto Jago è ancora in scena quanto Otello, ma dal terzo atto in poi il ruolo di Otello prende molto più spazio, mentre Jago va sparendo. Nel quarto atto non c'è praticamente quasi più. È come un gioco di dissolvenze incrociate: Jago comincia forte e si dilegua via via; Otello sale quando il suo nemico scende. Dal punto di vista drammaturgico è una bilancia che ha il suo fulcro alla fine del secondo atto, nel duetto tra Otello e Jago, in cui cantano le stesse note e la stessa melodia. Qui è permesso a Jago di cantare come Otello perché lui sa di essere forte, anzi, quasi più forte del Moro. La frase musicale cantata da quest'ultimo viene imitata o ripresa da Jago, e ciò dimostra che, con tale duetto, Jago ha raggiunto il livello del suo comandante, nel senso che sa di averlo in pugno. Tuttavia, nell'ultima battuta di *Dio vendicator*, i due personaggi cantano insieme ma non all'unisono. Ci sono lo stesso ritmo e le stesse parole, però le note sono diverse. Otello, sulla sillaba conclusiva, sale al La acuto, mentre per Jago la stessa sillaba è scritta su un Do diesis, ossia una sesta minore sotto. In alcune edizioni si ascolta Jago salire al La di Otello, cantando all'unisono con il Moro l'ultima nota. Finiscono entrambi con l'acuto, ed è un grave errore musicale e drammatico.

Perché?

Musicalmente è una scelta sbagliata poiché, secondo le leggi dell'armonia, la posizione delle note precedenti non può che portare il baritono al Do diesis. Drammaticamente l'errore è grossolano: Jago ha raggiunto il livello di Otello ma non può darglielo a vedere. Non canterà mai un La acuto insieme a lui, perché lo sta ingannando mostrandogli di essere al suo servizio. Vocalmente deve restare quindi al di sotto di lui.

Ciò significa che la voce, in Verdi, è sempre al servizio della drammaturgia, e mai fine a se stessa?

Assolutamente sì. L'abilità e il virtuosismo canoro devono essere funzionali allo sviluppo drammatico. Il mero acuto, non motivato teatralmente, più che inutile è dannoso, in quanto rischia di travisare la psicologia del personaggio. Verdi era attentissimo a questi aspetti. Perciò tutti gli acuti, nelle sue opere, devono essere ben controllati e soprattutto giustificati da un punto di vista drammaturgico.

Peter Stein

Artefice di alcune tra le più belle messe in scena teatrali del nostro tempo (dal *Principe di Homburg* a una leggendaria *Orestea*, da vari titoli di Cechov al primo allestimento della versione integrale del *Faust* di Goethe, montato in sette giornate nel 2000), Peter Stein è stato il fondatore di quel modello di gestione teatrale (oltre che di ricerca di verità politiche e di riflessioni estetiche rigorose) che è stata, fin dagli anni Settanta, la Schaubühne di Berlino. Nato a Berlino nel 1937, è considerato il più grande tra i registi tedeschi della sua generazione. Messaggero di un approccio al teatro razionale, perfezionista nella lettura dei classici e lucidamente romantico nella fede nei valori umanistici, Stein identificò alla fine degli anni Ottanta, sul versante della lirica, un partner prediletto nel Welsh National Opera, l'opera nazionale gallese di Cardiff, firmandovi due memorabili messe in scena di opere appartenenti al repertorio di Verdi: *Otello*, nell'86, e *Falstaff*, nell'88.

Seguirono altre regie operistiche, tra cui un *Pélleas et Mélisande* di Debussy con Pierre Boulez, un vigoroso *Mosè e Aronne* di Schönberg, concepito ancora in collaborazione con il direttore d'orchestra francese, il bellissimo, essenziale *Simon Boccanegra*, creato a Salisburgo con Claudio Abbado per il Festival di Pasqua del 2000, e il *Macbeth* di Verdi, realizzato nel 2011, prima a Salisburgo nell'ambito del festival estivo e poi al Teatro dell'Opera di Roma, con Riccardo Muti sul podio.

Ma fu innanzitutto il periodo di Cardiff (all'epoca Stein lo definiva «quel mio piccolo posto in culo al mondo») a segnare una svolta nel suo rapporto con il melodramma, e in particolare il suo primo *Otello*, «che rappresentò il mio riavvicinamento all'opera dopo un periodo molto lungo di rigetto totale», racconta Stein. «Avevo ventidue anni quando decisi che non sarei mai più andato a vedere un'opera lirica. Non potevo sopportarne le spaventose messe in scena dilaganti negli anni Cinquanta. Trovavo insulsi i libretti e spesso assurdi e ridicoli i cantanti. Ne avevo visti alcuni talmente grassi che quando facevano gli innamorati non riuscivano neppure ad abbracciarsi: parevano foche. Per un giovane come me, che amava profondamente il teatro, era una dimensione intollerabile. Non vidi un'opera per venticinque anni, ma restavo molto attratto dalla musica. Io soffro dell'imprecisione del mio mestiere, dove le regole sono sempre personali e non chiare. Il teatro parlato è un'arte sporca, mentre le leggi della musica sono di rigore assoluto. In più, oltre a esigere disciplina e tecnica oggettiva, la musica ha un potere d'impatto diretto sulle emozioni dello spettatore che per un uomo di teatro risulta affascinante: in trenta secondi può creare effetti che in prosa non si raggiungono in un'ora».

*Fino all'*Otello *di Cardiff non ebbe contatti con il mondo dei teatri d'opera?*

Sì, e furono rovinosi. Nel '75 collaborai con Pierre Boulez in occasione di un progetto per il *Ring* del centenario a Bayreuth, ma tutto andò male per via dei miei problemi con Wolfgang Wagner, il quale temeva la denazificazione del ciclo wagneriano. Poi ci fu Rolf Liebermann che m'invitò a fare il *Ring* all'Opera di Parigi, con la direzione musicale di Georg Solti. Ma per via di un parco di cantanti *monstre* e di un sistema teatrale inaccettabile (Palais Garnier è una di quelle case d'opera che io chiamo «opere di banconote»), l'esperienza fu ancora una volta un disastro. Non pensai più alla lirica per una decina d'anni, finché un giorno ascoltai un disco di *Otello* diretto da Karajan: ne fui toccato in modo incredibile, e mi resi conto dell'efficacia dell'adattamento librettistico di Shakespeare compiuto da Arrigo Boito. Cominciai a studiare la partitura e a pensare a un posto adatto a una regia, ovviamente escludendo i grandi teatri. Brian McMaster, che all'epoca era il direttore del Welsh National Opera di Cardiff, mi corteggiò per tre anni chiedendomi di fare una regia di lirica nel suo teatro. Veniva a tutte le mie prime, tornava, insisteva. Così decisi di fidarmi di lui e feci *Otello*.

*Che cosa la interessava tanto nell'*Otello*?*

La volontà di recupero della dimensione teatrale. Mi ha sempre molto impressionato il fatto che un gigante come Verdi, un monumento anche quand'era in vita, avesse smesso di fare opere all'apice del successo perché non sopportava più il mondo in cui lavorava. Dopo *Aida*, composta quand'era ancora giovane, ci fu un silenzio di sedici anni: a parte qualche eccezione (come la *Messa da Requiem*, 1874), non scrisse nulla, ritirandosi a fare il contadino. Era già ultrasettantenne quando, spinto da Giulio Ricordi e da Boito, decise di fare *Otello*. Perché volle tornare alla lirica? Per riconciliarla con il teatro, che Verdi amava moltissimo. Io credo che l'opera, per lui, fosse diventata un'espressione troppo esteriore e superficiale. E per tentare di ricondurla a una prospettiva autenticamente teatrale il riferimento più valido era Shakespeare, che in quegli anni era l'incarnazione del teatro europeo. Dopo la grande influenza che aveva avuto nel Settecento il classicismo francese, nell'Ottocento il continente aveva riscoperto Shakespeare.

Già molti anni prima, con il Macbeth*, Verdi si era occupato di teatro shakespeariano.*

Senza però riuscire a cogliere il centro del *Macbeth*, che è il coinvolgimento fatale, da parte della coppia protagonista, in una sfera d'irrazionalità. Il fondamento della tragedia di Shakespeare sono le streghe, incarnazione di un destino su cui l'uomo non ha possibilità d'intervento. Verdi invece rivolge il suo interesse innanzitutto alla psicologia di Macbeth e in particolare a quella della Lady, con un risultato molto più borghese. Solo in seguito, con *Otello*, e anche grazie alla collaborazione con Boito, riesce a cogliere il centro della tragicità shakespeariana.

Sono numerose le differenze tra Verdi e il testo di Shakespeare?

Ce ne sono di rilevanti. La vicenda shakespeariana prevede un'introduzione molto indiretta, visto che vi si racconta un processo a un generale, ovvero al Moro. L'opera di Verdi sostituisce questo passaggio del primo atto con qualcosa che manca totalmente in Shakespeare e cioè una vera scena d'amore, che giustifica l'unione della coppia con molta evidenza passionale. Invenzione geniale che si deve a Boito, come risulta dal carteggio tra i due autori, che è bellissimo e lungo il quale s'insiste sulla necessità di conservare e sviluppare il nucleo della teatralità shakespeariana.

Nel passaggio dalla tragedia all'opera si modificano i personaggi?

Chi cambia notevolmente è Jago, che in Boito è l'incarnazione del male, mentre in Shakespeare è una specie di allegoria del vizio con aspetti molto comici. È anche il più vicino al pubblico, come lo sono tutti i personaggi cattivi in Shakespeare. Nella lirica, naturalmente, questa sorta di complicità è impossibile, e quindi Boito trasforma il carattere del ruolo. Il suo *Credo in un Dio crudel* è come un lungo, elaborato monologo: non c'è niente di simile in Shakespeare. Ma tutto ciò in Verdi determina una tensione drammaturgica fantastica nel contrasto tra il buono innocente e la voglia infernale del cattivo di sporcare quel candore. Un conflitto efficacissimo tra il «bianco» e il «nero».

Si trasforma anche il personaggio di Desdemona?

Sì. Verdi, già vecchio, vedeva in questa ragazza tutto il bello che un uomo può vedere in una donna. Boito ne seguì le indicazioni, schiarendo le sfumature shakespeariane. Ma la drammaturgia teatrale non dà scampo: per quanto si cerchi di attenuare, resta comunque un nodo che non si può eliminare senza infierire sulla trama. Perché Desdemona nasconde di aver perso il fazzoletto? Perché mente? Quando dice: quel fazzoletto è nella mia stanza, sa benissimo che non è vero. La sua fisionomia si definisce anche in questa menzogna. La drammaturgia teatrale è come una partita di calcio, se c'è un fallo si vede: è il pubblico che fa da giudice. Gli si può forse mentire sulle motivazioni, ma non sui fatti, che costruiscono l'azione.

Che tipo di approccio ha avuto con l'opera nella messa in scena di Cardiff?

Io non ho mai voluto fare un nuovo *Otello*: piuttosto ho cercato di capire l'opera. Quando faccio questo tipo di operazioni m'interessano tutte le informazioni che posso avere sul testo, e in questo senso mi sono state utilissime le indicazioni dello stesso Verdi, pubblicate da Ricordi nel volume *La disposizione scenica*, che riporta una descrizione minuziosissima della messa in scena così come la voleva il compositore, con i disegni dei costumi, la scenografia, l'organizzazione del palcoscenico e l'indicazione di ogni movimento. La partitura musicale di *Otello*, inoltre, è una tra le più ricche d'indicazioni esplicite, anche per i cantanti, che Verdi definisce attori. E tanto punta all'attorialità, che nei suoi scritti Verdi se la prende persino con i difetti del coro, criticandone le entrate veementi e la successiva «pietrificazione», con facce quasi funebri, senza espressione. Per *Otello* preparò personalmente i cantanti a Sant'Agata, operando un casting brutale. Scrive per esempio di un interprete: «Bellissima voce, ma attorialmente incapace». Nell'Ottocento la convenzionalità era totale, e Verdi lottò come un pazzo per infondere nella lirica il teatro-teatro. Non è mai stata un'impresa semplice. La teatralità musicale ha caratteristiche e tempi molto diversi da quelli della teatralità tout court. Come fossero due cavalli che corrono sulla stessa pista a un ritmo sempre diverso. È il regista che deve sforzarsi di trovare il modo per tenerli paralleli.

Qualche esempio?

In Shakespeare, Otello butta a terra Desdemona tirandola per i capelli e dopo averla trascinata impazzisce, scappa, grida e tutti fuggono. Nell'opera invece la musica interviene e blocca l'azione con un concertato lunghissimo, dove tutti cantano lamentandosi e riflettendo sul destino del povero Otello. È una drammaturgia musicale che può benissimo fare a meno dell'azione, visto che la sua funzione è quella di esprimere un sentimento che diventa sempre più triste e profondo, tradotto dalla sola musica con un'immediatezza molto teatrale. Soltanto in *Falstaff* Verdi riesce a creare una sintonia perfetta tra drammaturgia musicale e teatrale, giocando genialmente su combinazioni velocissime. In *Otello* già si prepara questo risultato, ma visto che si tratta di una tragedia, la musica frena spesso l'azione per approfondire sentimenti come la paura, la tristezza, la misericordia e la rabbia. Nel *Credo* di Jago l'azione non va avanti, ma la drammaticità musicale è enorme. In Shakespeare un monologo del genere sarebbe noiosissimo, mentre nell'opera funziona. Inoltre lo spazio, nella lirica, vive in funzione dell'uso delle voci, nel senso che bisogna cantare in un'unica direzione, principio totalmente contrario alla spazialità teatrale, che è multidirezionale. Io, nelle regie d'opera, cerco sempre di creare ambienti che mi garantiscano acusticamente il massimo, anche con soluzioni di spazi ritagliati sulla scena come casse di risonanza, in modo che i cantanti possano essere sentiti al loro meglio.

Come ha lavorato, nel suo Otello *di Cardiff, per sintonizzare le due drammaturgie, quella teatrale e quella musicale?*

Mi sono messo al servizio dell'opera adoperandomi per chiarirne la drammaturgia musicale. Un esempio: il grande concertato finale del terzo atto. Tutti cantano insieme, è molto difficile seguire i differenti livelli vocali. Io ho cercato di aiutare la musica con i movimenti, dando a ciascun interprete un certo gesto da ripetere quando cantava una certa parola o una certa frase musicale. In tal modo diventava più facile seguire i vari interventi vocali. Inoltre nel mio spettacolo ho creato sempre corrispettivi dei crescendi e decrescendi della musica nell'azione scenica. Per esempio, quando Otello impazzisce, si butta nel coro e si nasconde, e il coro deve lottare con quest'Otello che non sa più reggere né lo Stato né se stesso. In tal modo non ci sono mai stasi né nel coro né in Otello. Naturalmente tutto questo e molto altro, a Cardiff, fu possibile grazie alla collaborazione armoniosa con i cantanti e con il direttore musicale Richard Armstrong e grazie alla disponibilità di un tempo lunghissimo per le prove.

Che ambientazione scelse?

Il mio spettacolo era rinascimentale, ma molto diretto, buffo e fresco, senza patina d'antico. La scena era una semplice scatola di legno che poteva cambiare affinché a ogni atto corrispondesse la spazialità più opportuna. A che serve avere uno spazio enorme se vi cantano solo due persone? Può una stanza da letto essere grande come una casa? Nacquero quindi pareti mobili, che si potevano spostare per modificare le dimensioni degli ambienti. La camera da letto all'inizio era totalmente aperta e alla fine era quasi un imbuto: la scatola di legno si apriva anche sui lati. Nel secondo atto la scatola era come un terrazzo visto da dentro, mentre nel terzo diventava quasi un corridoio. Nell'ultimo atto lo spazio si definiva soffocante come una pinza minacciosa, pronta a stringersi sempre di più.

Quali sente come i momenti più belli dell'opera?

È splendida la prima parte del primo atto, con l'uragano, la battaglia in mare, il panico, le imprecazioni, le preghiere, la follia di uno Stato o di una società i cui membri tendono a disperdersi in mille direzioni e nel tumulto arriva il Führer e torna il buon governo. Lo portano nel suo castello e dopo pochi minuti tutto comincia a sgretolarsi: ci si ubriaca, si litiga, la situazione diventa ingovernabile. Rientra il governatore e la società si unisce per suo tramite, ma lui deve punire i colpevoli. Qui nasce il duetto d'amore: Otello e Desdemona fanno l'amore quasi in piazza. Questo è teatro: dare sempre un significato nuovo al luogo dell'azione teatrale. Che se prima era un posto di paura, disastro, guerra, caos, diventa in seguito lo spazio del buon governo, poi quello di un'ubriacatura collettiva e di un'anarchia totale, poi ancora quello di un tribunale, infine un letto d'amore. Anche nel terzo atto lo spazio si modifica in continuazione, trasformandosi da luogo di intrighi (Otello spia il dialogo tra Jago e Cassio) in luogo di rappresentanza dello Stato, con trombettieri, soldati e dignitari. Qui esplode la follia di Otello. Nel mio spettacolo, al grido del suo terribile *Fuggite!* rivolto alla folla, Otello cacciava l'intero coro e veniva preso da una furia isterica. A questo finale micidiale del terzo atto subentra la calma del quarto atto, con il suono rasserenante del corno inglese. Forse il punto più problematico è il modo in cui, alla fine, l'opera fa sparire Jago: un po' troppo spiccio in rapporto alla levatura del personaggio. Ma sono tante le parti magnifiche. Come si fa a distinguere e a sezionare? *Otello* è un tutto solido e vitale, un capolavoro ricco d'invenzioni.

James McCraken nel ruolo di Otello,
Metropolitan Opera House, New York, 1963.

L'opera

L'idea di affrontare la tragedia di *Otello*, fu il frutto di una conversazione amichevole avvenuta all'Hotel et de Milan (l'albergo dove Verdi morì il 27 gennaio 1901) tra il compositore, l'editore Giulio Ricordi e il direttore d'orchestra e compositore Franco Faccio. Era il 1879, e Verdi era impegnato a curare alcune esecuzioni della *Messa da Requiem*, sua ultima composizione. Ma già da qualche anno l'editore e gli amici, in particolare la contessa Clara Maffei, insistevano affinché recedesse dall'intenzione di non scrivere più opere. Bastò un fugace accenno, fatto da Ricordi alla tragedia *Otello* di Shakespeare per accendere l'interesse di Verdi. L'editore, che da tempo progettava una collaborazione tra il maturo compositore e il trentaseienne Boito (poeta, scrittore, musicista, artista scapigliato e autore di un fresco libretto per l'Amleto messo in musica dall'amico Faccio), fiutò il momento buono. Del resto Ricordi aveva già fatto molto: con diplomazia e piccoli ricatti d'affari era riuscito a appianare i profondi diverbi ideologici e personali tra i due musicisti. Così piano piano il gusto teatrale, la cultura e l'esperienza musicale del celebre Maestro erano stati conquistati dal talento poetico-letterario, dal gusto cosmopolita e dall'istinto spettacolare da intellettuale di mondo del giovane collega (il suo ambizioso *Mefistofele* aveva debuttato alla Scala nel 1868). L'incontro tra i due avvenne qualche ora dopo. In capo a tre giorni, Boito aveva già preparato una sceneggiatura, cui su richiesta di Verdi seguì il libretto, completato senza che il compositore si impegnasse a musicarlo.

Passarono ancora alcuni anni – Verdi nel frattempo si era dedicato alla revisione di *Simon Boccanegra* (avendo in questo modo occasione di apprezzare la collaborazione poetica e lavorativa con Boito) e di *Don Carlo* – prima che venissero scritte le note d'avvio: era il marzo 1884. Dopo alcuni mesi, caratterizzati da periodi di lavoro intenso e da altri di inattività, lo spartito però era compiuto, e nel dicembre 1886 anche la parte orchestrale della nuova opera, che le gazzette chiamavano ancora *Jago*, fu terminata.

Dopo quindici anni, una nuova opera di Verdi. La prima esecuzione di *Otello*, alla Scala, il 5 febbraio 1887 (naturalmente la diresse Faccio, ma l'autore vigilò tutte le prove musicali e sceniche), fu preceduta da un'attesa e un battage pubblicitario senza precedenti. Il trionfo in teatro (al primo leggio dei violoncelli scaligeri suonava il ventenne Arturo Toscanini) cominciò fin dalla prima scena, quella della tempesta, e continuò fino a notte fonda, sotto le finestre dell'Hotel et de Milan, dove la carrozza di Verdi fu trascinata a braccia dalla folla entusiasta. Sul libretto letterato e scaltro di Boito, che ridusse all'osso l'originale rinunciando al primo atto (quello veneziano) e serrando i tempi della tragedia di gelosia, piombò una musica audace e nuovissima, come se nel secondo cimento shakespeariano (dopo *Macbeth* del 1847), Verdi avesse saputo condensare tutti i ragionamenti drammatici e le passioni che per decenni aveva dovuto tenere dentro per il vagheggiato e mai scritto *Re Lear*.

In musica il mondo di *Otello* divampa dal primo sensazionale accordo orchestrale, si placa solo per un momento (il sensualissimo duetto finale del primo atto), quindi precipita verso la catastrofe che, con perfetta scelta teatrale imposta a Boito, diventa cocente nell'ultimo atto, fino al sepolcrale *Niun mi tema* del protagonista.

FALSTAFF

Riccardo Muti

«Potrei dirigerla ogni sera. Farla con i cantanti giusti vuol dire vivere in uno stato di gaudio totale per l'intera durata dell'opera». Riccardo Muti parla di *Falstaff*, l'opera di Verdi che gli è più cara: «In realtà io amo tutto Verdi. Ho iniziato nel '69, con *I Masnadieri* a Firenze, e forse, tra i direttori viventi, sono quello che ha diretto il maggior numero di opere verdiane, anche quelle meno frequentate come, appunto, *I Masnadieri* o come *Attila*. Ma se fossi obbligato a scegliere due titoli da portare con me nella famosa isola deserta, insieme a *Così fan tutte* di Mozart ci sarebbe *Falstaff*. Perché dentro c'è la nostra vita, ciascuno può trovarvi un pezzo di se stesso. Vanità, debolezze, narcisismo, intrighi, l'amore vissuto nella sua forma più fresca e intensa... Tutto questo lo dobbiamo a Verdi. Certo, c'è il libretto di Boito. E prima ancora c'è lo Shakespeare delle *Allegre comari di Windsor*. Ma è la musica che riempie i personaggi, attingendo l'ineffabile al di là delle parole».

Verdiano di testa e di cuore – nell'analisi filologica del segno, nella concertazione minuta e concorde, nell'adesione espressiva e passionale – Muti è una guida irrinunciabile nell'universo del compositore: la sua sintonia profonda con *Falstaff* ci conduce con vivida passione in quest'opera verdiana.

«Ultimo titolo di Verdi, composto nel 1893, quando il musicista ha ormai ottant'anni», spiega il grande direttore, «*Falstaff* è un addio disincantato al mondo e al gioco della vita. È musica che interpreta il gioco, guidandolo e essendone investita. Se si eccettua *Un giorno di regno*, sofferto insuccesso giovanile, *Falstaff* fu l'unica opera comica di Verdi. Che a differenza di quanto accade nelle altre sue opere, coi loro ardori e dolori, anime dannate e anime che raggiungono il paradiso, qui finalmente si diverte, come racconta esplicitamente nelle sue lettere: "Ho scritto per piacer mio e per conto mio". O ancora, in una lettera a Gino Monaldi a proposito di *Falstaff*: "Io mi diverto a farne la musica senza progetti di sorta e non so nemmeno se finirò. [...] L'opera è completamente comica. Amen". Ma quello di Verdi, in *Falstaff*, non è un riso liberatorio, "alla" Rossini. Piuttosto è un sorriso ombreggiato d'intensa malinconia. Data l'età, il suo umore e anche gli umori dei tempi e di una società che aveva visto profondamente cambiare, *Falstaff* è la riflessione di un vecchio genio che distilla sapienza e che ha il coraggio di mettersi in gioco».

Verdi mette in gioco se stesso?

Anche. Il suo *Tutto nel mondo è burla* non è solo il distacco dell'uomo che alla fine della vita può permettersi di guardare indietro e di sorridere su tutto. È anche un burlarsi delle varie lacrime e urla disperate che lo avevano sempre accompagnato: attraverso il suo «Pancione», così Verdi chiamava Falstaff, il compositore prende in giro la sua intera produzione. Un'attenta analisi dell'opera porta infatti a riconoscervi molti spunti raccolti altrove nei propri titoli: *Falstaff* è una miniera di autocitazioni, attinte dal *Requiem* come dalla *Traviata*, dal *Trovatore* come dal *Ballo in maschera*.

Qualche esempio?

Nell'ultimo atto le donne intonano una specie di litania, come fingendo di pregare: *Domine fallo casto!* Ovvero: rendilo mondo dai peccati. Rispondono gli uomini burlandosi di Falstaff (*Pancia ritronfia!*), il quale risponde: *Ma salvagli l'addomine*. Replicano le donne: *Domine fallo guasto*. E intonano: *Fallo punito Domine*. E su *Domine fallo casto*, Verdi cita alcune note del *Requiem*. Il libretto di Boito sfoggia una lingua delle più ricercate, e Verdi gioca con le parole con un'insistenza che rammenta il rapporto Mozart-Da Ponte, soprattutto quello realizzato in *Così fan tutte*, opera che contiene un denso sottotesto: può essere letta, oltre che in modo «ufficiale», come un intreccio di allusioni erotiche o goliardiche. Allo stesso modo avviene spesso in *Falstaff*.

Dunque Mozart è un influsso presente?

Molto. Tutta la concezione di *Falstaff* si richiama al mondo classico di Haydn, Mozart e del primo Beethoven. Scrittura che consentiva a Verdi di stabilire un rapporto ferratissimo con la parola, dove quest'ultima vive in funzione di una certa nota, la quale si alimenta della parola. È il motivo per cui ogni traduzione del libretto sarebbe completamente assurda. Insomma, se per un verso il testo di Boito è concepito in funzione di strutture musicali, la musica, in *Falstaff*, serve ritmicamente l'articolazione verbale in ogni punto. Musica e parola sono come incapsulate l'una nell'altra. Anche per questo è un'opera molto faticosa da dirigere: bisogna far arrivare il senso di ogni parola agli spettatori. Non a caso Verdi sognava che fosse rappresentata in uno spazio piccolo, addirittura nella sua villa di Sant'Agata. Per questo nel 2001 diressi *Falstaff* nel minuscolo teatro di Busseto, dove Toscanini la eseguì nel 1913, per il centenario della nascita di Verdi, in una versione con qualche arco in meno, montata su indicazioni del compositore. Di quella storica rappresentazione guidata da Toscanini ripresi scene e regia.

Parliamo della celebre, difficilissima fuga finale, vero cimento per i direttori.

Da vecchio, Verdi scriveva spesso contrappunti e fughe, un genere di esercizi nuovo per lui, visto che, più che per elementi contrappuntistici, la sua produzione si distingue per teatralità e invenzione melodica. Eppure, alla fine della vita, si accentua il suo interesse per la musica strumentale e il classicismo, anche per le forme più ricercate della composizione del Seicento, del Settecento e del primo Ottocento. Lo testimonia il fatto che sul suo comodino da notte, a Sant'Agata, avesse le partiture dei quartetti di Haydn e di quelli di Mozart e di Beethoven. Si sa anche che Verdi tenne sul pianoforte per molto tempo la partitura del *Don Giovanni* di Mozart, che rappresentava per lui un'indicazione continua di quello che doveva essere il modo di fare opera. La fuga finale di *Falstaff* è la chiusura in uno stile compositivo non tipico della sua scrittura. Come dire: non credevate fossi maestro in questo? Vi faccio vedere io. Un'ultima beffa: tutti gabbati, come nell'opera.

Tutto nel mondo è burla.

Certo. E quella frase è anche un giudizio sulla musica del suo tempo, diventata più che mai complessa con l'influenza dei musicisti d'oltralpe e soprattutto di Wagner. Verdi ne è consapevole: lo dimostra nell'impegno messo nella strumentazione. Che è sofisticata, vaporosa, elegantissima. Verdi è stato sempre al passo coi tempi, pur riuscendo a rimanere se stesso, ma tenendo conto dei mutamenti: ha percorso il secolo evolvendosi di continuo. Da *Nabucco* a *Falstaff* corre una distanza spaventosa, anche se a un'attenta analisi non sfugge che il Dna verdiano è sempre il medesimo. Appare comunque straordinaria la capacità di Verdi di accogliere stimoli e suggerimenti esterni e farli suoi, rimanendo completamente originale. In questo senso *Falstaff* è il messaggio meraviglioso di un musicista che aveva compreso i tempi nuovi, li aveva sentiti culturalmente e aveva saputo esprimerli al di fuori di qualsiasi epigonismo. Non a caso Verdi scrive che lo strumentare *Falstaff* è per lui «gran pensiero e fatica». Gli strumenti dovevano diventare importanti come la voce. Ma Verdi sa che, pur nella complessità, bisogna conquistare una semplicità «italica». Una fusione chiara e armoniosa di parole, voci e strumenti, frutto di un enorme lavoro di cesello e di una cultura che include non solo Mozart, Haydn e il primo Beethoven, ma anche il mondo di Cimarosa, di Paisiello... La famosa frase verdiana: «Torniamo all'antico», non ha un senso reazionario, ma è il giudizio di chi deplora che i giovani musicisti del tempo rinneghino le loro origini. Secondo Verdi ogni musicista deve esprimere le sue radici, la sua terra, e solo così può diventare universale.

Si dice spesso che Falstaff *manchi di grandi arie e melodie.*

Non è vero! È un'opera ricca di temi e melodie. Ma in modo moderno, con un declamato che canta. È piena di piccoli spunti melodici non sviluppati, ma che si rincorrono l'un l'altro: non c'è il tempo di memorizzare una grande melodia. Questo accade nel primo e nel secondo atto, scatenati e scintillanti, pieni di vitalità e umorismo, che richiedono una grande recitazione e articolazione della parola. Il passo si fa molto più pacato nel terzo atto, dove affiora l'elemento «romantico» del sogno e della fantasia. Qui c'è la celebre aria del tenore, *Dal labbro il canto estasiato* e l'aria di *Nannetta con le fate*, *Sul fil d'un soffio etesio*. Al nostro orecchio arriva il senso del Verdi delle famose arie del passato. Secondo alcuni, questi momenti di grande lirismo rischiano di nuocere all'economia strutturale dell'opera. Perché quando, poi, Verdi e Boito ci rituffano in un mondo indiavolato di spiritelli che pizzicano e stuzzicano, con il matrimonio falso e la scena comica finale, può capitare di far fatica a sorridere di nuovo dopo esserci perduti nelle nebbie del mondo fatato che lo ha preceduto. Insomma, il terzo atto è il più «bello» per il pubblico che vuole incantarsi con la melodia, però può frenare la corsa irresistibile dell'azione della commedia.

Falstaff *è un'opera tra le meno popolari di Verdi. C'è un motivo?*

La scarsa popolarità, io credo, dipende dalla sua estrema razionalità: è un'opera di «freddezza argentea», ha detto qualcuno. Un'oggettività dove Stravinskij è a un passo, un'astrazione dei sentimenti abbaglianite. Certe parole sono vissute e scolpite come lampi. È vertiginosa l'altezza che Verdi vi raggiunge come strumentatore e come uomo di teatro: per questo l'aria diventa rarefatta. Nel cuore del melomane, più che *Falstaff* ci sono *La Traviata*, *Rigoletto*, *Il Trovatore*, *Va, pensiero* del *Nabucco*, *Si ridesti il Leon di Castiglia* dell'*Ernani*, *Patria oppressa* del *Macbeth*... Quel Verdi che, come disse D'Annunzio, «pianse e amò per tutti». La sua leggenda di cantore dell'anima popolare del Risorgimento finisce con *Aida*. *Falstaff* lo fa più grande ma lo allontana dalle masse.

Falstaff, Teatro alla Scala, Milano, stagione 1980-81.

L'opera

Misero in subbuglio il mondo colto – non solo quello italiano, non solo quello musicale – le prime notizie. A pochi mesi dal clamoroso debutto scaligero di *Otello* (1887) e dalla solenne promessa d'autore («ritorno il contadino di Sant'Agata»), il Maestro era tornato al lavoro. Aveva settantacinque anni Giuseppe Verdi, quasi cinquanta di palcoscenico. Morto Wagner (1883), per molti era, insieme a Johannes Bramhs, il più grande musicista vivente, di certo non era secondo a nessuno per popolarità. Preceduto da un lancio promozional-editoriale degno dell'avvenimento, *Falstaff* andò trionfalmente in scena alla Scala, dopo un mese intenso di prove cui l'oramai ottantenne Maestro non mancò mai, dispensando annotazioni spiritose e imponendo una disciplina di lavoro esemplare. Era il 9 febbraio 1893: otto giorni prima il mondo musicale aveva assistito alla rivelazione del trentacinquenne Giacomo Puccini con *Manon Lescaut*; tre anni dopo il battesimo di *Cavalleria rusticana* di Mascagni, uno dopo *Pagliacci* di Leoncavallo, gemelli del futuro (quasi) indissolubile dittico verista. Nei mesi in cui Edvard Munch dipingeva il suo emblematico *Grido*, l'Ottocento musicale lasciava in eredità al nuovo tragico secolo una commedia umanissima: malinconica ma serena, siglata dal motto collettivo conclusivo assemblato su una magnifica fuga. Tutto *Falstaff* trae origine da quel pezzo d'assieme, che fu il primo numero musicale effettivamente composto da Verdi: non è quindi arbitrario considerare la monumentale pagina una sorta di cellula sonora (e architettonica) primigenia, archetipica. Quanto poi valgano nell'economia teatrale complessiva e nella realistica definizione del tondo protagonista le estreme parole su cui la Fuga è saldata («Tutto nel mondo è burla/ L'uom è nato burlone/ La fede in cor gli ciurla,/ Gli ciurla la ragione./ Tutti gabbati! Irride/ L'un l'altro ogni mortal,/ Ma ride ben chi ride/ La risata final») ci vuole poco a intuirlo. Niente di strano quindi che Verdi di lì abbia preso le mosse, e alla fuga abbia ricondotto l'impalcatura dei tre atti.

A distanza dall'unico precedente non tragico della sua carriera (l'infelice esperienza del *Giorno di regno*, 1840), Verdi prese la rivincita nel genere comico. Lo fece con un'originalità e una sapienza compositiva che lasciò sbalorditi i colleghi, ammirati i critici e sconcertato il pubblico: tuttora in soggezione, e che non ama come dovrebbe l'ultima opera verdiana. In *Falstaff* l'orchestra è impiegata come un insieme di solisti, con vivacità e sottigliezza folgoranti, che rimandano a Mozart più che a Rossini, in connubio «parlante» con la scrittura spesso «strumentale» delle voci. La strumentazione modernissima, allusiva e cameristica, le stesse parole di Verdi che più volte descrisse *Falstaff* come un'opera privata che non doveva uscire da Villa Sant'Agata, indussero Arturo Toscanini a dirigerla nel teatrino di Busseto nel 1913 e nel 1926 con i complessi scaligeri, creando il precedente storico alla riproposta del 2001 sotto la direzione di Riccardo Muti.

Vagamente autobiografico, figura già netta nel brillante libretto verseggiato da Arrigo Boito, il *Falstaff* verdiano – ancor più che negli originali di Shakespeare: *Le allegre comari di Windsor* e, per alcuni passi, *Enrico IV* – è un personaggio in cui maturità e giovinezza spiritata si incontrano con miracolosa grazia. *Falstaff* è l'opera della vecchiaia malinconica irradiata di giovinezza. La spensieratezza amorosa e gaia che Verdi, precocemente fiaccato dalle tragedie familiari e dagli obblighi professionali degli «anni di galera», non ebbe il tempo né la voglia di vivere al momento giusto.

TUTTE LE OPERE
DI GIUSEPPE VERDI

1. *Oberto conte di S. Bonifacio*. Dramma in due atti, su libretto di Antonio Piazza adattato da Temistocle Solera (in origine, si trattava del libretto intitolato Rochester o Lord Hamilton, per il quale Verdi compose nel 1836 la musica riutilizzata per Oberto). Milano, Teatro alla Scala, 17 novembre 1839.

2. *Un giorno di regno* (ossia *Il finto Stanislao*). Melodramma giocoso in due atti, su libretto di Felice Romani, tratto dalla commedia in tre atti *Le faux Stanislao* di Alexandre Pineux-Duval (libretto scritto per Adalbert Gyrometz (1818), adattato con alcuni tagli e modifiche). Milano, Teatro alla Scala, 5 settembre 1840.

3. *Nabucodonosor* (*Nabucco*). Dramma lirico in 4 parti, su libretto di Temistocle Solera, dal dramma *Nabuchodonosor* (1836) di Auguste Anicet-Bourgeois e Francis Cornue. Milano, Teatro alla Scala, 9 marzo 1842.

4. *I Lombardi alla prima Crociata*. Dramma lirico in quattro atti, su libretto di Temistocle Solera, tratto dal poema omonimo (1816) di Tommaso Grossi. Milano, Teatro alla Scala, 11 febbraio 1843.

5. *Ernani*. Dramma lirico in 4 parti, su libretto di Francesco Maria Piave, dal dramma *Hernani* (1830) di Victor Hugo. Venezia, Teatro La Fenice, 9 marzo 1844.

6. *I due Foscari*. Tragedia lirica in tre atti, su libretto di F. M. Piave, dal poema *The two Foscari* (1821) di Byron. Roma, Teatro Argentina, 3 novembre 1844.

7. *Giovanna d'Arco*. Dramma lirico in un prologo e tre atti, su libretto di Temistocle Solera, tratto dalla tragedia *Die Jungfrau von Orleans* (1801) di Friedrich Schiller. Milano, Teatro alla Scala, 15 febbraio 1845.

8. *Alzira*. Tragedia lirica in un prologo e due atti, su libretto di Salvatore Cammarano, tratto dalla tragedia *Alzire* (1736) di Voltaire. Napoli, Teatro San Carlo, 12 agosto 1845.

9. *Attila*. Dramma lirico in un prologo e tre atti, su libretto di Solera e interventi di Piave; dalla tragedia *Attila, König der Hunnen* (1808) di Zacharias Werner. Venezia, Teatro La Fenice, 17 marzo 1846.

10. *Macbeth*. Melodramma in quattro atti, su libretto di Piave, con interventi di Andrea Maffei; dalla tragedia *Macbeth* (1605-06) di Shakespeare (traduzione di Giulio Carcano) e dall'adattamento di Schiller in tedesco (1800; traduzione di Maffei). Firenze, Teatro La Pergola, 14 marzo 1847.

11. *I Masnadieri*. Melodramma tragico in quattro parti, su libretto di Andrea Maffei, tratto dal dramma *Die Räuber* (1781) di Friedrich Schiller. Londra, Her Majesty's Theatre, 22 luglio 1847.

12. *Jérusalem*. Rifacimento francese dei *Lombardi alla prima Crociata*. Opera in quattro atti, su libretto di Alphonse Royer e Gustave Vaëz. Parigi, Opéra, 26 novembre 1847. Prima rappresentazione italiana (libretto tradotto da C. Bassi): Teatro alla Scala, 26 dicembre 1850.

13. *Il Corsaro*. Melodramma in tre atti, su libretto di Francesco Maria Piave, tratto dal poema *The Corsair* (1814) di Byron. Trieste, Teatro Grande, 25 ottobre 1848.

14. *La battaglia di Legnano*. Tragedia lirica in quattro atti, su libretto di Salvatore Cammarano, tratto dal dramma *La bataille de Toulouse* di Joseph Méry Roma, Teatro Argentina, 27 gennaio 1849.

15. *Luisa Miller*. Melodramma tragico in tre atti, su libretto di Salvatore Cammarano, tratto dalla tragedia *Kabale und Liebe* (1784) di Friedrich Schiller. Napoli, Teatro San Carlo, 8 dicembre 1849.

16. *Stiffelio*. Melodramma in tre atti, su libretto di F. M. Piave, tratto dal dramma *Le Pasteur, ou l'Evangile et le Foyer* (1848) di Souvestre e Bourgeois. Trieste, Teatro Grande, 16 novembre 1850.

17. *Rigoletto*. Melodramma in tre atti, su libretto di Francesco Maria Piave, tratto dal dramma *Le Roi s'amuse* di Victor Hugo (1832). Venezia, Teatro La Fenice, 11 marzo 1851.

18. *Il Trovatore*. Dramma in quattro parti; libretto di Cammarano, completato da Leone E. Bardare, dal dramma *El Trovador* (1836) di Antonio García Gutiérrez. Roma, Teatro Apollo, 19 gennaio 1853.

19. *La Traviata*. Melodramma in tre atti, su libretto di F. M. Piave, tratto dal dramma *La Dame aux camélias* (1852) di Alexandre Dumas fils. Venezia, Teatro La Fenice, 6 marzo 1853.

20. *Les Véspres Siciliennes*. Opera in cinque atti su libretto di Eugène Scribe e Charles Duvéyrier; dal libretto *Le Duc d'Albe* (1839) di Scribe scritto per Donizetti. Parigi, Opéra, 13 giugno 1855.

21. *Simon Boccanegra*. Opera in un prologo e tre atti, libretto di Piave, interventi di Giuseppe Montanelli, dal dramma *Simón Bocanegra* (1843) di Antonio García Gutiérrez. Venezia, Teatro La Fenice, 12 marzo 1857.

22. *Aroldo*. Opera in quattro atti, libretto di F. M. Piave, tratto da *Stiffelio*. Rimini, Teatro Nuovo, 16 agosto 1857.

23. *Un ballo in maschera*. Melodramma tragico in tre atti, libretto di Antonio Somma, da *Gustave III, ou Le Bal masqué* (1833) scritto da Scribe per D. Auber. Roma Teatro Apollo, 17 febbraio 1859.

24. *La forza del destino*. Opera in 4 atti, libretto di Piave, tratto da *Don Alvaro, o La Fuerza del sino* (1835) di Angel de Saavedra, e dal dramma Wallensteins Lager (1796) di Schiller (traduzione di Maffei). Pietroburgo, Teatro Imperiale, 10 novembre 1862.

25. *Macbeth* (rifacimento). Opera in quattro atti, su libretto di Charies Luis Etienne Nuitter e Alexandre Beaumont, dal libretto di Piave e Maffei. Parigi, Théâtre Lyrique, 21 aprile 1865.

26. *Don Carlo*. Grand-opéra in 5 atti, libretto di Joseph Méry e Camille du Locle, da *Don Carlos, Infant von Spanien* (1787) di F. Schiller. Parigi, Opéra, 11 marzo 1867.

27. *La forza del destino* (rifacimento). Libretto modificato da A. Ghislanzoni. Milano, Scala, 27 febbraio 1869.

28. *Aida*. Opera in 4 atti, su libretto di Antonio Ghislanzoni, su un soggetto di Auguste Mariette elaborato da Camille du Locle e Giuseppe Verdi. Cairo, Teatro dell'Opera, 24 dicembre 1871.

29. *Messa da Requiem*. Composizione sacra per coro, voci soliste e orchestra, scritta nel 1874. È dedicata al celebre scrittore Alessandro Manzoni. Fu eseguita in occasione del primo anniversario della morte di Manzoni, il 22 maggio 1874, nella Chiesa di San Marco a Milano.

30. *Simon Boccanegra* (rifacimento). Libretto con modifiche di Arrigo Boito. Milano, Teatro alla Scala, 24 marzo 1881.

31. *Don Carlo* (rifacimento in 4 atti). Libretto di Angelo Zanardini, basato sulla traduzione italiana di Achille de Lauzières del libretto francese. Milano, Teatro alla Scala, 10 gennaio 1884.

32. *Otello*. Dramma lirico in quattro atti, su libretto di Arrigo Boito, tratto dal dramma *Othello* (1604-05) di William Shakespeare. Milano, Teatro alla Scala, 5 febbraio 1887.

33. *Falstaff*. Commedia lirica in tre atti, su libretto di A. Boito, tratto dai drammi *The Merry Wives of Windsor* (1600-01) e *Henry IV* (1597-98) di Shakespeare. Milano, Teatro alla Scala, 9 febbraio 1893.

TUTTI I PERSONAGGI DELLE OPERE DI VERDI

Abdallo: tenore, vecchio ufficiale del re di Babilonia (*Nabucco*).
Abigaille: soprano, schiava, creduta figlia primogenita di Nabucco (*Nabucco*).
Acciano: basso, tiranno di Antiochia (*I Lombardi alla prima crociata*).
Ademaro di Monteil: basso, ambasciatore di Roma (*Jérusalem*).
Adorno Gabriele: tenore, gentiluomo genovese (*Simon Boccanegra: dramma*).
Aida: soprano, schiava etiope (*Aida*).
Alcade: basso (*La forza del destino*).
Alvaro: basso, padre di Gusmano, governatore del Perù (*Alzira*).
Alzira: soprano, figlia di Ataliba (*Alzira*).
Amalia: soprano, orfana, nipote del conte di Moor (*I masnadieri*).
Amelia: soprano (*Un ballo in maschera*).
Amneris: mezzosoprano, figlia del re (*Aida*).
Amonasro: baritono, re d'Etipia e padre di Aida (*Aida*).
Ancella di Amelia (*Un ballo in maschera*).
Anna: soprano, sorella di Zaccaria (*Nabucco*).
Annina: soprano (*La Traviata*).
Anselmo, corsaro che non parla (*Il corsaro*).
Apparizioni (Le) (*Macbeth*).
Araldo: basso (*Macbeth*, *Otello*).
Araldo: tenore (*Jérusalem*, *Battaglia di Legnano*).
Araldo reale: tenore (*Don Carlo*).
Arminio: tenore, camerlengo della famiglia reggente (*I masnadieri*).
Aroldo: tenore, cavaliere sassone (*Aroldo*).
Arrigo: tenore, giovane siciliano (*I Vespri siciliani*).
Arrigo: tenore, guerriero veronese (*La battaglia di Legnano*).
Arvino: tenore, figlio di Folco, signore di Rho (*I Lombardi alla prima crociata*).
Ataliba: basso (*Alzira*).
Attila: basso, re degli Unni (*Attila*).

Azucena: mezzosoprano (*Il Trovatore*).
Banco: basso, generale dell'esercito del re Duncano (*Macbeth*).
Barbarigo: tenore, senatore membro della giunta (*I due Foscari*).
Bardolfo: tenore, seguace di Falstaff (*Falstaff*).
Barone di Kelbar: basso comico (*Un giorno di regno*).
Barone Douphol: baritono (*La Traviata*).
Boccanegra Maria: soprano, figlia di Simone, sotto il nome di Amelia Grimaldi (*Simon Boccanegra*).
Boccanegra Simone: baritono, corsaro al servizio della Repubblica genovese, poi primo doge di Genova (*Simon Boccanegra*).
Briano: basso, pio solitario (*Aroldo*).
Capitano dei balestrieri: tenore, (*Simon Boccanegra*).
Carlo di Vargas: baritono, figlio del Marchese di Calatrava (*La forza del destino*).
Carlo VII: tenore, re di Francia (*Giovanna d'Arco*).
Carlo: tenore, figlio di Massimiliano (*I masnadieri*).
Cassio: tenore, capo di squadra (*Otello*).
Cavaliere di Belfiore: baritono, sotto il nome del re Stanislao di Polonia (*Un giorno di regno*).
Chirurgo militare spagnolo: tenore (*La forza del destino*).
Commissionario: tenore (*La Traviata*).
Contadino: tenore (*Luisa Miller*).
Contarini Lucrezia: soprano, vedi Lucrezia Contarini.
Console Primo/Secondo di Milano: basso (*La battaglia di Legnano*).
Conte di Ceprano: basso (*Rigoletto*).
Conte di Lerma: tenore (*Don Carlo*).
Conte di Luna: baritono (*Il Trovatore*).
Conte di Monterone: basso (*Rigoletto*).
Conte di Tolosa: baritono (*Jérusalem*).
Conte di Vaudemont: basso, uffiziale francese (*I Vespri siciliani*).
Conte di Walter: basso (*Luisa Miller*).
Conte Ivrea: tenore, comandante di Brest (*Un giorno di regno*).
Contessa d'Aremberg (*Don Carlo*).
Contessa di Ceprano: mezzosoprano (*Rigoletto*).
Corrado: tenore, capitano dei corsari (*Il corsaro*).
Cuniza: mezzosoprano, sorella di Ezzelino da Romano (*Oberto*).
Curra: mezzosoprano, cameriera di Leonora (*La forza del destino*).
Dama di Lady Macbeth: mezzosoprano (*Macbeth*).
Danieli: tenore, siciliano (*I Vespri siciliani*).
Delil: tenore, ufficiale del re (*Giovanna d'Arco*).
Delmonte: tenore, scudiero del finto Stanislao (*Un giorno di regno*).
Deputati fiamminghi: bassi (*Don Carlo*).
Desdemona: soprano, moglie di Otello (*Otello*).

Domestico di Flora: basso (*La Traviata*).
Domestico di Macbeth: basso (*Macbeth*).
Don Alvaro: tenore (*La forza del destino*).
Don Carlo: tenore, Infante di Spagna (*Don Carlo*).
Don Carlo: baritono, re di Spagna (*Ernani*).
Don Riccardo: tenore, scudiero del re (*Ernani*).
Don Ruy Gomez de Silva: basso, grande di Spagna (*Ernani*).
Donna Leonora: soprano, figlia del Marchese di Calatrava (*La forza del destino*).
Dorotea: mezzosoprano, cugina di Lina (*Stiffelio*).
Dott. Cajus: tenore (*Falstaff*).
Dottor Grenvil: basso (*La Traviata*).
Duca di Mantova: tenore (*Rigoletto*).
Duncano, re di Scozia (*Macbeth*).
Edoardo di Sanval: tenore, giovane ufficiale (*Un giorno di regno*).
Egberto: baritono, vecchi cavaliere, vassallo di Kenth (*Aroldo*).
Elena: mezzosoprano, cugina di Enrico (*Aroldo*).
Elena: soprano, duchessa, sorella del duca Federigo d'Austria (*I Vespri siciliani*).
Elena: soprano, figlia del conte di Tolosa (*Jérusalem*).
Elisabetta di Valois: soprano (*Don Carlo*).
Elvira: soprano, nipote e fidanzata di Don Ruy Gomez de Silva grande di Spagna (*Ernani*).
Emilia: mezzosoprano, moglie di Jago (*Otello*).
Emiro di Ramla: basso (*Jérusalem*).
Eremita: basso, vedi Pagano.
Enrico: tenore, cugino di Mina (*Aroldo*).
Ernani: tenore, il bandito (*Ernani*).
Eunuco nero: tenore (*Il corsaro*).
Ezio: baritono, generale romano (*Attila*).
Fante del Consiglio de' Dieci: tenore (*I due Foscari*).
Federica: contralto, duchessa di Ostheim, nipote di Walter (*Luisa Miller*).
Federico Barbarossa: basso (*La battaglia di Legnano*).
Federico di Frengel: tenore, cugino di Lina (*Stiffelio*).
Fenena: soprano, figlia di Nabucco (*Nabucco*).
Fenton: tenore (*Falstaff*).
Ferrando: basso (*Il Trovatore*).
Fiesco Jacopo: basso, nobile genovese poi sotto il nome di Andrea (*Simon Boccanegra*).
Filippo II: basso, re di Spagna (*Don Carlo*).
Fleanzio: figlio di Banco (*Macbeth*).
Flora Bervoix: mezzosoprano (*La Traviata*).
Ford: baritono, marito di Alice (*Falstaff*).

Foresto: tenore, cavaliere aquilejense (*Attila*).
Foscari Francesco: baritono, doge di Venezia, ottuagenario (*I due Foscari*).
Foscari Jacopo: tenore, suo figlio (*I due Foscari*).
Fra Melitone: baritono, frate francescano (*La forza del destino*).
Francesco: baritono, figlio di Massimiliano (*I masnadieri*).
Frate: basso (*Don Carlo*).
Fritz, servo che non parla (*Stiffelio*).
Gastone: tenore, visconte di Béarn (*Jérusalem*).
Gastone: tenore, visconte di Létorières (*La Traviata*).
Germont Alfredo: tenore (*La Traviata*).
Germont Giorgio: baritono (*La Traviata*).
Giacomo: baritono, pastore di Domremy (*Giovanna d'Arco*).
Gilda: soprano, figlia di Rigoletto (*Rigoletto*).
Giovanna: mezzosoprano, custode di Gilda (*Rigoletto*).
Giovanna: soprano, figlia di Giacomo (*Giovanna d'Arco*).
Giovanna: soprano, nutrice di Elvira (*Ernani*).
Giovanni da Procida: basso, medico siciliano (*I Vespri siciliani*).
Giovanni: basso, corsaro (*Il corsaro*).
Giselda: soprano, figlia di Viclinda e Arvino (*I Lombardi alla prima crociata*).
Giudice: tenore (*Un ballo in maschera*).
Giulietta di Kelbar: mezzosoprano, figlia del barone ed amante di Edoardo di Sanval (*Un giorno di regno*).
Giuseppe: basso, servo di Violetta (*La Traviata*).
Godvino: tenore, vecchio cavaliere di ventura, ospite di Egberto (*Aroldo*).
Gran Sacerdote di Belo: basso (*Nabucco*).
Grande Inquisitore: basso, cieco, nonuagenario (*Don Carlo*).
Grimaldi Amelia: soprano, vedi Boccanegra Maria.
Guido di Monforte: baritono, governatore di Sicilia per Carlo d'Angiò re di Napoli (*I Vespri siciliani*).
Gulnara: soprano, schiava prediletta di Seid (*Il corsaro*).
Gusmano: baritono, governatore del Perù (*Alzira*).
Il re: basso (*Aida*).
Imelda: mezzosoprano, ancella di Lida (*La battaglia di Legnano*).
Imelda: mezzosoprano, confidente di Cuniza (*Oberto*).
Ines: soprano, confidente di Leonora (*Il Trovatore*).
Isaura: soprano (*Jérusalem*).
Ismaele: tenore, nipote di Sedecia re di Gerusalemme (*Nabucco*).
Jacopo Loredano: basso, membro del Consiglio de' Dieci (*I due Foscari*).
Jago: baritono, alfiere (*Otello*).
Jago: basso, scudiero di Don Ruy Gomez (*Ernani*).
Jorg: basso, vecchio ministro assasveriano (*Stiffelio*).
Jorg, servo di Aroldo che non parla (*Aroldo*).
Lady Macbeth: soprano, moglie di Macbeth (*Macbeth*).

Laura: mezzosoprano, contadina (*Luisa Miller*).
Leone: basso, vecchio romano (*Attila*).
Leonora: soprano (*Il Trovatore*).
Leonora: soprano, figlia di Oberto (*Oberto*).
Lida: soprano, moglie di Rolando (*La battaglia di Legnano*).
Lina: soprano, moglie di Stiffelio, figlia di Stankar (*Stiffelio*).
Lodovico: basso, ambasciatore della Repubblica veneta (*Otello*).
Lucrezia Contarini: soprano, moglie di Jacopo Foscari (*I due Foscari*).
Luisa: soprano, figlia di Miller.
Macbeth: baritono, generale dell'esercito del re Duncano (*Macbeth*).
Macduff: tenore, giovane scozzese, signore di Fiff (*Macbeth*).
Maddalena: mezzosoprano, sorella di Sparafucile (*Rigoletto*).
Malcolm: tenore, figlio di Duncano (*Macbeth*).
Manfredo: tenore, siciliano (*I Vespri siciliani*).
Manrico: tenore (*Il Trovatore*).
Marchesa del Poggio: soprano, giovane vedova, nipote del barone e amante del cavaliere (*Un giorno di regno*).
Marchese D'Obigny: basso (*La Traviata*).
Marchese di Calatrava: basso (*La forza del destino*).
Marcovaldo: baritono, prigioniero allemanno (*La battaglia di Legnano*).
Marullo: baritono, cavaliere (*Rigoletto*).
Massimiliano: basso, conte di Moor, reggente (*I masnadieri*).
Mastro Trabuco: tenore, mulattiere poi rivendugliolo (*La forza del destino*).
Matteo Borsa: tenore, cortigiano (*Rigoletto*).
Medico: basso (*Macbeth*).
Medora: soprano, giovane amante di Corrado (*Il corsaro*).
Messaggero: tenore (*Aida*).
Messo: tenore (*Il Trovatore*).
Miller: baritono, vecchio soldato in ritiro (*Luisa Miller*).
Mina: soprano, moglie di Aroldo, figlia di Egberto.
Montano: basso, predecessore d'Otello nel governo dell'isola di Cipro (*Otello*).
Moser: basso, pastore (*I masnadieri*).
Mrs. Alice Ford: soprano (*Falstaff*).
Mrs. Meg Page: mezzosoprano (*Falstaff*).
Mrs. Quickly: mezzosoprano (*Falstaff*).
Nabucco: baritono, re di Babilonia (*Nabucco*).
Nannetta: soprano, figlia di Alice (*Falstaff*).
Ninetta: contralto, cameriera di Elena (*I Vespri siciliani*).
Oberto: basso, conte di San Bonifacio (*Oberto*).
Odabella: soprano, figlia del signore di Aquileja (*Attila*).
Ombra di Banco (L'), vedi Banco.
Oronte: tenore, figlio di Acciano, tiranno di Antichia (*I Lombardi alla prima crociata*).

Oscar: soprano, paggio (*Un ballo in maschera*).
Oste della Giarrettiera (*Falstaff*).
Otello: tenore, moro, generale dell'armata veneta (*Otello*).
Otumbo: tenore, guerriero americano (*Alzira*).
Ovando: tenore, duca spagnolo (*Alzira*).
Padre Guardiano: basso, frate francescano (*La forza del destino*).
Pagano: basso, figlio di Folco, signore di Rho (*I Lombardi alla prima crociata*).
Paggio della duchessa: mezzosoprano (*Rigoletto*).
Paggio di Ford (*Falstaff*).
Paolo Albiani: baritono, filatore d'oro genovese poi cortigiano favorito del doge (*Simon Boccanegra*).
Pietro: baritono, popolano di Genova poi cortigiano (*Simon Boccanegra*).
Pirro: basso, scudiero d'Arvino (*I Lombardi alla prima crociata*).
Pisana: soprano, amica e confidente di Lucrezia (*I due Foscari*).
Pistola: basso, seguace di Falstaff.
Podestà di Como: basso (*La battaglia di Legnano*).
Preziosilla: mezzosoprano, giovane zingara (*La forza del destino*).
Principessa Eboli: mezzosoprano (*Don Carlo*).
Priore della città di Milano: tenore (*I Lombardi alla prima crociata*).
Radames: tenore, capitano delle guardie (*Aida*).
Raffaele: tenore, nobile di Leuthold (*Stiffelio*).
Raimondo: tenore, scudiero di Gastone (*Jérusalem*).
Ramfis: basso, capo dei sacerdoti (*Aida*).
Renato: baritono, creolo, segretario di Riccardo e sposo di Amelia (*Un ballo in maschera*).
Riccardo: tenore, conte di Salinguerra (*Oberto*).
Riccardo: tenore, conte di Warwich, governatore di Boston (*Un ballo in maschera*).
Rigoletto: baritono, buffone di corte del duca di Mantova (*Rigoletto*).
Roberto: basso, soldato francese (*I Vespri siciliani*).
Robin, paggio di Falstaff (*Falstaff*).
Roderigo: tenore, gentiluomo veneziano (*Otello*).
Rodolfo: tenore, figlio del conte di Walter (*Luisa Miller*).
Rodrigo: baritono, marchese di Posa (*Don Carlo*).
Rolando: baritono, duce milanese (*La battaglia di Legnano*).
Rolla: tenore, compagno di Carlo Moor (*I masnadieri*).
Ruggero: basso, fratello del conte (*Jérusalem*).
Ruiz : tenore (*Il Trovatore*).
Samuel: basso, nemico del conte (*Un ballo in maschera*).
Schiavo: tenore (*Il corsaro*).
Seid: baritono, pascià di Corone (*Il corsaro*).
Selimo: tenore, agà (*Il corsaro*).

Servo del doge: basso (*I due Foscari*).
Servo di Amelia: tenore (*Un ballo in maschera*).
Sicario: basso (*Macbeth*).
Signor La Rocca: basso comico, tesoriere degli Stati di Bretagna, zio di Edoardo (*Un giorno di regno*).
Silvano: basso, marinaio (*Un ballo in maschera*).
Simon Boccanegra, vedi Boccanegra Simon.
Sir Joh Falstaff: baritono (*Falstaff*).
Sire di Bethune: basso, uffiziale francese (*I Vespri siciliani*).
Sofia: soprano, moglie di Acciano, tiranno d'Antiochia, fatta celatamente cristiana (*I Lombardi alla prima crociata*).
Soldato: basso (*Jérusalem*).
Sparafucile: basso, bravo (*Rigoletto*).
Stanislao: (re) di Polonia, vedi Cavalier Belfiore.
Stankar: baritono, vecchio colonello (*Stiffelio*).
Stiffelio: tenore, ministro assasveriano (*Stiffelio*).
Talbot: basso, supremo comandante degli inglesi (*Giovanna d'Arco*).
Tebaldo: soprano, paggio di Elisabetta (*Don Carlo*).
Tebaldo: tenore, soldato francese (*I Vespri siciliani*).
Tom: basso, nemico del conte (*Un ballo in maschera*).
Ufficiale dell'emiro: tenore (*Jérusalem*).
Uldino: tenore, giovane bretone, schiavo d'Attila (*Attila*).
Ulrica: contralto, indovina di razza nera (*Un ballo in maschera*).
Usciere di corte: tenore (*Rigoletto*).
Vecchio zingaro: basso (*Il Trovatore*).
Viclinda: soprano, moglie di Arvinio (*I Lombardi alla prima crociata*).
Violetta Valery: soprano (*La Traviata*).
Voce da cielo: soprano (*Don Carlo*).
Wurm: basso, castellano di Walter (*Luisa Miller*).
Zaccaria: basso, Gran Pontefice degli Ebrei (*Nabucco*).
Zamoro: tenore, capo di tribù peruviane (*Alzira*).
Zuma: mezzosoprano, sorella di Alzira (*Alzira*).

Crediti fotografici

Pagina 27, foto di Luciano Romano © Teatro dell'Opera di Roma.
Pagina 32, foto di Gerald V. Floris.
Pagina 38, foto di Silvia Lelli © Teatro dell'Opera di Roma.
Pagina 42, foto di Silvia Lelli.
Pagina 48, foto di Silvia Lelli, 1994.
Pagina 64, foto di Chris Christodoulou © AP Photo/English National Opera.
Pagina 68, foto di Luigi Laselva.
Pagina 76, foto di R. Marchiori © Archivio servizio stampa Teatro del Maggio Musicale Fiorentino.
Pagina 80, foto di Cattarinich.
Pagina 86, foto di Gianluca Moggi, New Press Photo Firenze © Teatro del Maggio Musicale Fiorentino.
Pagina 91, foto di Lelli Masotti © Teatro alla Scala.
Pagina 96, foto di Sussie Ahlburg, 2012.
Pagina 103, foto di Ramella&Giannese © Fondazione Teatro Regio di Torino.
Pagina 128, foto di Musacchio&Ianniello. Per gentile concessione dell'Accademia Nazionale di Santa Cecilia.
Pagina 154, foto © Teatro dell'Opera di Roma.
Pagina 158 e pagina 165, foto per gentile concessione dell'Accademia Nazionale di Santa Cecilia.
Pagina 170, foto di Cordula Groth.
Pagina 181, foto di Lelli Masotti © Teatro alla Scala.
Pagina 186, foto di Pablo Faccinetto.

Pagina 202, foto di Louis Mélançon.
Pagina 206, foto di Silvia Lelli © Teatro dell'Opera di Roma.
Pagina 212, foto di Lelli Masotti © Teatro alla Scala.

La casa editrice resta a disposizione dei proprietari delle immagini i cui crediti non sono indicati.

Stampa
Grafiche del Liri s.r.l.
Via Napoli 85 – 03036 Isola del Liri (Fr)
per conto di Lit Edizioni Srl
Largo Giacomo Matteotti 1
Castel Gandolfo (Rm)

ristampa	anno
8 7 6 5 4 3 2 1	2013 2014 2015 2016